# Relatos da Vida

FRANCISCO CÂNDIDO XAVIER

# Relatos da Vida

*Pelo Espírito*
**Irmão X**

*Copyright* © 2014 *by*
FEDERAÇÃO ESPÍRITA BRASILEIRA – FEB

Direitos licenciados pelo Centro Espírita União à Federação Espírita Brasileira
CENTRO ESPÍRITA UNIÃO – CEU
Rua dos Democratas, 527 – Jabaquara
CEP 04305-000 – São Paulo (SP) – Brasil

1ª edição – Impressão pequenas tiragens – 5/2024

ISBN 978-85-9466-051-0

Todos os direitos reservados. Nenhuma parte desta publicação pode ser reproduzida, armazenada ou transmitida, total ou parcialmente, por quaisquer métodos ou processos, sem autorização do detentor do *copyright*.

FEDERAÇÃO ESPÍRITA BRASILEIRA – FEB
SGAN 603 – Conjunto F – Avenida L2 Norte
70830-106 – Brasília (DF) – Brasil
www.febeditora.com.br
editorial@febnet.org.br
+55 61 2101 6161

Pedidos de livros à FEB
Comercial
Tel.: (61) 2101 6161 – comercial@febnet.org.br

Adquirindo esta obra, você está colaborando com as ações de assistência e promoção social da FEB e com o Movimento Espírita na divulgação do Evangelho de Jesus à luz do Espiritismo.

Dados Internacionais de Catalogação na Publicação (CIP)
(Federação Espírita Brasileira – Biblioteca de Obras Raras)

---

I69r    Irmão X (Espírito)

        Relatos da vida / pelo Espírito Irmão X; [psicografado por] Francisco Cândido Xavier. – 1. ed. – Impressão pequenas tiragens – Brasília: FEB; São Paulo: CEU, 2024.

        96 p.; 21 cm - (Coleção Humberto de Campos/Irmão X)

        Inclui índice geral

        ISBN 978-85-9466-051-0

        1. Espiritismo. 2. Obras psicografadas I. Xavier, Francisco Cândido, 1910–2002. II. Federação Espírita Brasileira. II. Título.

                                              CDD 133.93
                                              CDU 133.7
                                              CDE 80.01.00

# Sumário

Prefácio ...................................................7
1 Pergunta no ar................................9
2 Lição paternal ...............................13
3 O grande caminho.......................17
4 Entre duas semanas.....................21
5 A imprensa...................................25
6 A maravilha de sempre................29
7 Acertando contas.........................31
8 A recomendação detestada .........35
9 Avarentos .....................................39
10 Campanha diferente..................43
11 Caso de consciência...................47
12 De atalaia...................................51
13 Médiuns, ontem e hoje .............55
14 Mediunidade e luta ...................59
15 Complemento............................63

16 Consciências ..............................................67
17 Definição inesperada ...............................71
18 Elucidando................................................77
19 O livro – Dádiva do Céu..........................81
20 No Evangelho nascente ...........................85
Índice geral ...................................................89

# *Prefácio*

Amigo leitor,

Muitos companheiros da vida física supõem erroneamente que nós, os amigos desencarnados que comentamos as necessidades de paz e os imperativos do bem, teremos chegado a tão grandes culminâncias de evolução que não se nos fazem precisas às reuniões de estudo e a troca de opiniões na pauta de nossas experiências.

Entretanto, ainda nos achamos distantes de qualquer topo do Conhecimento Superior, e é justo valer-nos do auxílio de companheiros iluminados de Amor e Sabedoria a fim de descobrir, por nós mesmos, os caminhos mais favoráveis à nossa própria renovação e progresso.

Os grupos de estudo em nossas áreas de trabalho se multiplicam em todos os setores, nos quais se reúnem almas sequiosas de esclarecimento e consolo.

A instrução não se transmite por osmose.

Assim é que compartilhamos de uma equipe dessa ordem, uma vez por semana, em que são debatidos vários temas, notadamente os que se reportam ao nosso intercâmbio com os amigos reencarnados na Terra.

Em cada reunião, dedicamos à faixa de uma hora, na parte final, ao diálogo com irmãos procedentes da vida física, que são selecionados por inspetores competentes e auxiliados por eles, de modo a virem até nós, durante o sono tranquilo e profundo.

Não precisamos mencionar que a seleção obedece a rigorosa escolha para que não se perca tempo com assuntos banais e conversações vazias.

Numa de nossas reduzidas assembleias, tivemos a visita de um rapaz, vinculado a uma das instituições beneméritas do Estado do Rio, que irradiava bondade e inteligência, a falar-nos sem afetação:

— Estou muito grato por me receberem e não lhes tomarei tempo em vão. Ouso perguntar pelo Irmão X. Desejaria saber, se possível, por que motivo não mais escreveu livros para a nossa edificação no mundo, ao mesmo tempo em que estimaria saber se podemos aguardar novas produções desse amigo.

Solicitamos a palavra do Irmão X ali presente e, com simplicidade, ei-lo a responder:

— Amigo, agradeço-lhe o interesse, mas não estou inativo. Apenas, por algum tempo, troquei a pena pela enxada de serviço. Por vastos períodos anuais, estive na teoria. Agora estou na prática da assistência, na qual vivo aprendendo a renovar-me. Mas retomarei a pena, se o Senhor assim permitir.

O moço agradeceu e retirou-se, dando lugar a novo visitante...

No dia seguinte, o Irmão X mostrou-nos uma pasta antiga, da qual retirou vários retalhos de pergaminho contendo apontamentos valiosos e valiosos relatos da vida, com os quais formou o presente volume.

Aí está, leitor amigo, a história deste livro que o nosso amigo passa à frente, para a nossa própria edificação.

EMMANUEL
Uberaba (MG), 22 de março de 1988.

## ~ 1 ~
## *Pergunta no ar*

Tempos depois do regresso de Jesus às Esferas Superiores, transformara-se Pedro, o Apóstolo, em Jerusalém, no esteio firme da causa evangélica. Todos os dias, a faina difícil. Os necessitados de todas as procedências e, com os necessitados, os perseguidores, os adversários, os donos do sarcasmo, os campeões da galhofa e quantos compunham a multidão de obsessos e infelizes.

Simão, ora brando, ora enérgico, servia sempre.

A feição humana do amigo de Jesus era, porém, examinada, sem qualquer compaixão, pelos críticos intransigentes.

Era Pedro fraco ou forte, vaidoso ou humilde, compreensivo ou intolerante?

Nesse clima de diz que diz, achava-se Eliaquim, filho de Josias, à procura de ervilhas, em pequeno mercado de verduras, quando se viu à frente de Natan, fariseu letrado e rico da cidade, que passou a inquiri-lo de maneira direta:

— Então, é você agora um cliente daqueles que seguem o Messias?

— Sim — confirmou o interpelado. Vi-me doente de um dia para o outro e, além de tudo, despojado de todos os meus bens pela ambição de parentes ingratos... Em terrível penúria, recorri a Simão, que me acolheu...

— Simão Pedro?

— Ele mesmo.

— E, porventura, você se sente tranquilo?

— Como não? Tenho hoje, com ele, um novo lar.

Natan pousou a destra no ombro do amigo e murmurou:

— Eliaquim, francamente não entendo a razão pela qual tantos compatriotas se deixam embair pelas manhas do pescador que se faz de santo. Tenho lido e ouvido algo acerca do Profeta Nazareno, e não lhe regateio admiração. Mas... Pedro? Um brutamontes mascarado de mestre? Descansei por várias semanas na Galileia junto ao lago em cujas bordas andou Jesus ensinando a nova Doutrina... E, em torno de Simão, apenas recolhi apontamentos escabrosos. É um poço de prepotência e brutalidade, na forma de um homem. Contam-se dele coisas incríveis. Não se trata unicamente da negação em que se fez conhecido por traidor do próprio Jesus, a quem diz reverenciar. Dizem que foi sempre um modelo completo de crueldade e ingratidão. Mau filho, mau amigo. Alguns companheiros, que pude ouvir mais intimamente, declaram-no viciado e vaidoso.

Além de tudo isso, é notório em Jerusalém que ele não tem cultura alguma. Arrasa as nossas tradições e ensinamentos quando se expõe a falar em público. O homem abre a boca, e o desastre aparece. Confunde Isaías com Jeremias, atribui a David palavras de Moisés. Israelitas distintos, recém-chegados da Grécia, que se puseram a escutá-lo, por respeito a Jesus, retiraram-se daqui escandalizados, segundo me disseram. Que fazem vocês com um ferrabrás dessa ordem? Acaso não buscam saber se Pedro possui moral bastante e educação suficiente para tratar de encargos de que ousadamente se ocupa?

E porque Eliaquim emudecesse, respeitoso, Natan insistiu:

— Diga-me, por favor, qual é a sua própria opinião?

O interpelado fitou o poderoso fariseu, demoradamente, e, depois de alguns instantes de expectação, respondeu sem se alterar:

— Natan, é verdade que Simão é um homem rude, com muitos defeitos, apesar dos tesouros de amor e serviço que derrama do coração, mas... e você, meu amigo? Você que possui milhares de livros e estudou ao pé dos sábios de Jerusalém e de Alexandria, você que conhece Roma e Atenas, talvez palmo a palmo, você que é proprietário de fazendas e terras, casas e rebanhos, você que pode ser virtuoso, provavelmente porque não tem nenhuma de nossas necessidades materiais, que faz você, por amor a Deus, em auxílio ao próximo?

Natan fixou um sorriso amarelo, deu de ombros, lançou saliva na terra seca, ergueu a cabeça altiva e afastou-se, enquanto a pergunta ficou no ar.

## ~ 2 ~
## *Lição paternal*

Questionávamos, em torno da fatalidade e do livre-arbítrio, quando o velho Samuel tomou a palavra e contou, sereno:

— Hanina ben Hazan, um israelita imensamente rico, vivia em Jope, cercado de consideração pela nobreza de sua conduta. Embora senhoreasse extensos pomares e não obstante a enorme riqueza que granjeara no mercado de peles, caracterizava-se pela extrema simplicidade com que pautava todos os atos da vida. Estimado na posição de filósofo, reunia, no próprio lar, semanalmente, todos os estudiosos dos Escritos Sagrados que se propusessem a debater os problemas do povo, a fim de auxiliar os concidadãos com mais segurança.

Certa noite, laboriosa contenda irrompeu no recinto doméstico.

O rabi Johanan, visitante ilustre, declarara que, diante do Todo-Poderoso, todas as consciências são livres, ao que Boaz, filho único de Hanina, replicara, desabrido, que todas as criaturas são obrigadas a executar, matematicamente, a vontade de Deus.

Azedou-se a polêmica.

A assembleia dividida mostrava maioria absoluta ao lado de Johanan, enquanto Boaz, no ímpeto da força juvenil, após se justificar, furioso, apresentou a dúvida ao exame paterno.

O anfitrião, porém, conhecido pela grande prudência, conquanto lastimasse o desrespeito do filho para com o sábio que hospedava, pediu com delicadeza fosse a questão adiada para o mês seguinte, de vez que desejava educar o herdeiro querido sem violência, e o conselho familiar foi encerrado em amistosas manifestações de alegria.

No dia imediato, Hanina chamou o filho que atingira a maioridade e confiou-lhe duas bolsas recheadas de ouro para entregar em Jerusalém, com vistas à realização de certo negócio.

Boaz deveria obedecer, implicitamente, a todas as instruções, e, ainda mesmo que tivesse qualquer plano, suposto favorável ao empreendimento, caber-lhe-ia silenciar ante os mercadores a quem o dinheiro se destinava.

O moço partiu com agenda rigorosa. Dia de saída e dia de chegada. Horários para reger-se na Cidade Santa. Moedas que poderia gastar em proveito próprio.

O jovem cumpriu as determinações e retornou, desenxabido, mas o genitor, articulando tarefa diferente, incumbiu-o de vender larga partida de lã a diversos comerciantes que se dirigiam para Haifa, marcando, porém, os preços que lhe pareciam convenientes e proibindo-lhe qualquer ingerência no assunto.

Depois de satisfazer as ordenações, o rapaz regressou, patenteando indisfarçável desalento.

Hanina, entretanto, buscou-lhe os préstimos na consecução de outra empresa.

Dessa vez, doava-lhe expressivo tesouro em peças de prata, que passariam a pertencer-lhe, sob a condição de sujeitá-las ao governo de poderoso usurário seu amigo, em cuja guarda semelhantes recursos permaneceriam pelo prazo de dez anos, ao fim do qual as preciosidades seriam restituídas, acompanhadas de rendimento compensador.

O filho obedeceu, evidentemente contrariado, e, ao voltar, o pai cedeu-lhe um campo de vastas dimensões, com a ordem expressa de cultivar o trigo, estabelecendo prévias normas para os serviços da sementeira e da colheita, com instruções que ao jovem competia observar, rigidamente.

Abraçando, contudo, as novas obrigações, o rapaz clamou, triste:

— Oh! meu pai, há muito que vos sirvo, colocando empenho e sinceridade em tudo o que a vossa bondade me ordena fazer; entretanto, agora que me sinto homem feito, rogo permissão para considerar que a vossa autoridade, apesar de generosa, me impede a edificação do próprio destino, conforme a visão que o mundo me oferta. Algemado aos vossos desígnios, por três vezes nos últimos vinte dias, vi afastarem-se de mim valiosas oportunidades de melhorar a própria sorte. Sem qualquer tentativa de furto, eu poderia ter sugerido algumas alterações aos vossos representantes em Jerusalém, conseguindo excelente margem de lucro para os nossos negócios; no entanto, os vossos avisos eram irrevogáveis, e não tive outro recurso senão inclinar-me à submissão. Nos barcos que demandavam os armazéns de Haifa, teria facilmente obtido pequena fortuna, sem dilapidar os interesses do próximo, ao fornecer a lã que me confiastes; todavia, era imperioso satisfazer-vos as injunções. Anteontem, passastes às minhas mãos substancioso patrimônio que poderia claramente favorecer-me a segurança porvindoura; contudo, em vez de exercitar-me as faculdades no trabalho de minha própria manutenção, exigistes que a dádiva fosse depositada em meu nome, para somente beneficiar-me daqui a dez anos, quando não sei se viverei neste mundo até amanhã!... Hoje, mandais que eu lance o trigo numa terra que julgo mais adequada ao sustento da vinha... Ah! Meu pai, por que sonegais ao vosso filho o direito das próprias decisões?

O velho Hanina, porém, satisfeito e comovido, enlaçou-o, ternamente, e ponderou:

— Tens razão, filho meu... Compreendes, agora, a nossa liberdade à frente do Pai Justo? O Criador concede às criaturas todos os bens da Criação, sem lhes constranger o exercício da livre escolha...

E, fitando o moço tomado de júbilo, concluiu:

— Cada homem é independente, na própria alma, a fim de eleger o próprio caminho.

O velho Samuel fixou em nós outros o olhar penetrante e calmo e rematou:

— O tema não comporta discussões. Deus nos concede a todos a fazenda valiosa da vida; entretanto, cada um de nós é responsável pela sua própria consciência, no que sente, pensa, fala e realiza, perante a Lei.

E, abençoando-nos com ameno gesto de despedida, o sábio deixou-nos mergulhados em fundo silêncio, com a significativa história para remoer e pensar.

## ~ 3 ~
## *O grande caminho*

Um homem de muita fé morava num vale extenso e triste, e porque assinalasse amarga solidão, elevou-se em espírito ao Senhor e pediu-lhe, atormentado:

— Benfeitor Eterno, vejo-me vencido pelo desânimo... Que fazer para melhorar o ambiente em que respiro?

— Educa a terra em que foste localizado — aconselhou o Divino Orientador —. Usa o alvião e o arado, a enxada e a semente, e, em breve, o solo dar-te-á pão e alegria.

O servo regressou e seguiu-lhe o conselho.

Com o aperfeiçoamento da gleba, porém, surgiram colonos variados, e as rixas explodiram, na disputa dos terrenos em torno.

Alarmado, o devoto retornou ao Senhor e clamou:

— Inefável Amigo, melhorada a região a que dei minha ajuda, vieram os companheiros da Humanidade e com eles chegaram inquietantes enigmas. Não mais vivo só, entretanto, as feras da posse, os dragões do ciúme, as serpes do despeito e os monstros da inveja bramem e se arrastam junto de mim... Que fazer para o sustento da paz?

— Educa os irmãos que te cercam a experiência — determinou o magnânimo interpelado — e explica-lhes que o sol brilha para justos e injustos, que o trabalho sinceramente respeitado e bem dividido faz a riqueza de todos e que, sem a cooperação fraternal, o dever é um cárcere insuportável... Usa a escola e o livro, a palavra e a própria virtude! O tempo assegurar-te-á harmonia e vitória.

O crente agiu em consonância com o ensinamento recebido e, porque prosperasse o encanto social na colônia, desposou uma jovem que lhe parecia responder ao ideal de ventura, no entanto, com o casamento vieram os filhos e os problemas. A alma da companheira sofria incompreensível divisão entre ele e os rebentos do lar que o crivavam de pesares e preocupações.

Aflito, voltou à Amorosa Presença e solicitou:

— Todo-Compassivo, tenho minha alma sangrando de sofrimento... Como proceder para encontrar o equilíbrio junto da mulher e dos filhos que me deste?

— Educa-os e alcançarás a bênção merecida — disse-lhe o Abnegado Condutor —. Através de teus próprios exemplos, usa a boa vontade e a renúncia e atingirás, um dia, o fruto de preciosa compreensão.

O trabalhador desceu a Terra e atendeu à advertência. Contudo, com o crescimento da família, multiplicada agora em lares diversos, notou que os parentes padeciam, desarvorados, a visitação da enfermidade e da morte.

Agoniado, compareceu diante do Senhor e implorou:

— Protetor Infatigável, estou conturbado, em pavoroso desalento... Os corações que me confiaste tremem de angústia e medo ante a ventania gelada do túmulo... Que fazer para consolá-los e obter-lhes conformação?

— Educa-os para a vida, cujas provas são lições de subido valor — respondeu-lhe o Mentor Celeste —. Ensina-lhes que a doença é um gênio benfazejo e que o sepulcro é passagem para a imortalidade triunfante. Revela-lhes, porém, semelhantes verdades com a tua própria demonstração de coragem e submissão incessante à Infinita Sabedoria.

O homem tornou ao seu campo de luta e devotou-se à tarefa que lhe cabia com humildade e bom ânimo.

Quando o tempo lhe enrugou a face, alvejando-lhe os cabelos, fatigado ao peso das responsabilidades que trazia no coração, procurou o Senhor e implorou em lágrimas:

— Fiador de meus dias, compadece-te de mim!... Meu corpo agora é um instrumento cansado, sinto frio em meus ossos!... Tenho saudades de ti, Senhor!... Que fazer para transferir-me, em definitivo, para o Céu?

— Educa-te, e raiará para teu espírito a luminosa libertação; educa-te, e o próprio mundo te elevará à glória suprema da vida espiritual!

— Senhor — ponderou o fiel devoto —, ensinaram-me na Terra que fora da caridade não há salvação, e sempre respeitei a caridade, executando-te as ordens divinas... Ter-se-iam enganado os teus mensageiros no mundo?

O Mestre sorriu e obtemperou:

— Os emissários celestiais não se equivocaram na afirmativa. Realmente, fora da caridade não há salvação, mas fora da educação não há caridade bem conduzida...

E porque o crente meditasse em lacrimoso silêncio, o Senhor concluiu:

— A caridade é a chave que abre as portas do Céu, mas a educação é o grande caminho que conduz até ele...

Foi então que o aprendiz leal voltou às obrigações que lhe competiam no mundo e consagrou o resto da existência ao serviço de educar-se, com o que passou a educar os outros com mais segurança.

## ~ 4 ~
## *Entre duas semanas*

Quando o irmão Rogério, um dos mentores espirituais do grupo, concluía as instruções da noite, pela médium Dona Jovina, João Anselmo, corretor de imóveis e um dos frequentadores da casa, apelou para ele, solicitando:
— Querido benfeitor, os planos de caridade que alimento, desde muito, exigem recursos, a fim de se expressarem!... Compreendo, e compreendo muito bem que os princípios espíritas não me autorizam a rogar-vos apoio na solução de problemas financeiros, entretanto... como desejaria receber o amparo da Vida Maior! Tantos doentes abandonados, tantos meninos desprotegidos!... Dinheiro, meu amigo!... Dinheiro é o material de que necessito para a formação de um lar em que me seja possível começar a tarefa socorrista a que me proponho... Obtendo possibilidades justas, guardo a certeza de que conseguirei ajudar a muitos. Imaginemos que a vossa bondade me situe nos braços algumas facilidades, das quais possa partir no rumo de aquisições maiores... Alguma cooperação inesperada, algum negócio

feliz!... Então, estaríamos em condições de principiar... Oh! meu amigo! A beneficência!... Haverá no mundo algo de mais sublime? Entretanto, para auxiliar em favor de alguém, carecemos de auxílio... E, em tudo isso, dinheiro é o problema! Em nome do Senhor, peço-vos!... Amparai-me!... Tenho necessidade de socorro amoedado para servir!...

O Espírito amigo, na organização mediúnica, alongou-se no silêncio com que registrava a petição, e anotou, em seguida:

— Entendo, meu caro... Sua rogativa é muito simpática. Temos, porém, agora, o nosso horário precisamente encerrado, e, em razão disso, tornaremos ao assunto na próxima reunião. Creia que Deus tem sempre o melhor para nos dar.

Anselmo revestiu-se de ansiosa expectativa e passou a esperar.

Decorridos dois dias, encaminhava-se de um sítio para outro, nos arredores da cidade que lhe serve de residência, quando assinalou, quase rente a ele, forte remoinho de vento. Estacou, por instantes, procurando evitar a nuvem de pó, e, tão logo cessou o brando tumulto da Natureza, viu que, aos seus pés, pousara uma cédula de dez cruzeiros novos.

O ar em movimento lhe trouxera a doação imprevista.

Recolheu o dinheiro, alegremente, e prosseguiu na marcha. Não contara, ainda, duzentos passos, quando se abeirou dele triste mulher em farrapos, a rogar-lhe em desconsolo:

— Meu senhor, ajudai-me, por amor de Deus!...

— Que deseja a senhora de mim? — Trovejou a voz do agente comercial.

— Caridade para meu filho necessitado de alimento e remédio... Preciso pagar à farmácia o débito de dois cruzeiros, a fim de poder continuar recebendo novos medicamentos... Socorrei-me, Senhor!...

— Que pensa a senhora que sou? Algum banco ambulante? Não roubei, nem ganhei na loteria...

— Piedade, senhor!...

E porque a desditosa criatura se pusesse de joelhos, o corretor gritou, áspero:

— Saia da minha frente! Sou um homem ocupado, tenho mais o que fazer! Se quiser dinheiro, que vá trabalhar!...

Reergueu-se a pedinte, retrocedendo humilhada, enquanto o mal-humorado viajor continuava a caminho.

Transcorrida uma semana, eis Anselmo, de novo, na reunião, perante irmão Rogério, que distribuía os benefícios da evangelização. Pedia dinheiro, aguardava dinheiro...

Rogério lhe ouviu a longa súplica, fixando belo sorriso na expressão fisionômica, e rematou:

— Anselmo, meu filho, estamos observando a força de suas promessas e decisões. Sem dúvida que o dinheiro é necessário para a execução de determinadas obras de beneficência na Terra, mas se você não tem ainda a precisa coragem para se desfazer de dois cruzeiros, em favor de pobre mãe, depois de haver recebido dez cruzeiros, que lhe colocamos aos pés, através do vento, de que modo conseguirá você auxiliar os outros, se o Mundo Espiritual lhe confiar agora a fortuna de alguns milhões?

## ~ 5 ~
## *A imprensa*

Comentávamos os desmandos da imprensa, num grupo de nossa esfera, quando o velho Hassan ben Jain, experiente amigo, exclamou bem-humorado:

— Vocês, evidentemente, não têm razão! A imprensa é a grande alavanca do progresso em todos os continentes. Do prelo rudimentar de Gutenberg até agora, a Humanidade evolveu com mais segurança do que em vinte mil anos de suor nos vários campos da vida. A ela devemos a difusão da cultura, pela rapidez do trabalho informativo. As ciências, as artes e a literatura nela encontraram acessível campo de expansão junto ao povo.

O jornal é um espelho mágico onde nos apercebemos do que se passa no mundo inteiro. Além disso, não podemos esquecer-lhe as campanhas de benemerência na redenção social. Em todas as nações cultas, foi a tribuna gritante a favor dos cativeiros e, ainda agora, é o porta-voz dos direitos humanos, seja profligando a dominação armamentista, seja abolindo a escravidão do povo a vícios que se arraigaram no âmago das classes, quais sejam a usura e o lenocínio, o furto inteligente e a irresponsabilidade administrativa. E a sua eficiência nos movimentos de higiene e socorro? A imprensa auxiliou os cientistas a liquidarem a peste. O brado de uma folha qualquer convoca legiões de benfeitores para essa ou aquela tarefa humanitária...

Defendendo as colmeias do linotipo, acentuou:

— E quem negará mérito ao homem do jornal, sentinela vigilante do bem-estar de todos? Quantos deles se apagam em oficinas bulhentas, sacrificados, dia e noite, para que o noticiário informe, instrua e esclareça o ânimo popular?

— Entretanto — objetei, baseado nas observações do jornalista obscuro que fui —, que dizer dos repórteres inconscientes, que suprimem a estabilidade dos lares, transformando-os em redutos infernais com o fogo invisível da maledicência; dos lixeiros da opinião, que arrebanham loucos escapados do hospício para fazê-los falar como pessoas sensatas, comprometendo a dignidade dos outros; dos parteiros do boato delituoso, dos maníacos que se refestelam no sensacionalismo, escrevendo com o sangue das tragédias alheias, quais se fossem sanguessugas de corações expostos na praça; dos chantagistas, que negociam com a dor do próximo, convertendo-a em pranto envenenado para a gula de caluniadores indiferentes?

O velho Hassan, todavia, cruzou as mãos e falou, paternal:

— Não permita que o pessimismo lhe faça da cabeça uma bola de fel. Lembre-se de que a imprensa dos homens não é a imprensa dos anjos. E onde existirão homens na Terra sem o sinal da luta pelo aperfeiçoamento incessante? Que obra elevada no planeta crescerá sem o assédio das criaturas ignorantes e inferiores? Onde os doentes graves a se curarem sem o desvelo dos sãos? Quantos heróis caíram ontem ao pé dos carrascos para que o homem de hoje pudesse pensar sem maiores impedimentos? Fora dos escândalos da imprensa, Sócrates padeceu a acusação de Anitos e seus companheiros, sem se furtar à cicuta, e, ainda sem eles, o próprio Cristo encontrou a incompreensão de Judas e se viu constrangido à morte na cruz...

Fez pequeno intervalo e continuou:

— Os maus estão na imprensa como em todos os demais setores da vida humana, em qualquer parte do Globo. São gênios satânicos nas linhas da ciência, lobos em pele de ovelha nos templos religiosos, agiotas nos ajustes amoedados, mãos-leves no erário público, hienas risonhas onde há viúvas e órfãos por depenar... E existem para arguir a virtude e consolidar os valores da educação. Surgem aqui e ali, acreditando-se intocáveis, mas, na falsa suposição de enganarem a outrem, acabam iludindo a si mesmos, porque, realmente, não procedem à revelia da Providência Divina.

E, em nos sentindo a admiração, narrou, depois de longa pausa:

— Antigo rolo judeu conta que um grande senhor utilizou certo vassalo para a compra de vasos preciosos destinados a sua casa. O enviado procurou conhecido oleiro, que lhe mostrou bela coleção. O mensageiro escolhia alguns e neles batia com fino estilete de cobre. Todavia, porque não tocasse em todos, perguntou-lhe o vendedor pela razão de semelhante desprezo, ao que respondeu o interpelado, sem vacilar: "— Trabalho inútil. Quantos deixo à margem são vasos trincados, que se estilhaçariam com a menor pancada. Não posso perder tempo. Devo tanger apenas os que se mostrem primorosamente perfeitos, sem qualquer aleijão".

E, fitando-nos de modo expressivo, terminou, sorridente:

— Assim também os grandes instrutores que agem no mundo em nome de Deus, na imprensa ou fora dela, jamais se preocupam em experimentar o coração dos perversos. Entregam-nos à paciência das horas e à sabedoria da vida e usam espinhos humanos para tocar simplesmente os justos, aferindo-lhes a resistência para a concessão natural de tarefas superiores...

Estimaríamos prosseguir conversando, mas o velho filósofo, alegando serviço urgente, despediu-se, tranquilo, deixando-nos, porém, algo para meditar.

# ~ 6 ~
# *A maravilha de sempre*

O mundo antigo, na opinião de eméritos escritores, conheceu sete maravilhas, nascidas de mãos humanas:

O túmulo de Mausolo, em Halicarnasso; a pirâmide de Quéops; o farol de Alexandria; o colosso de Rodes; os jardins suspensos de Semíramis, em Babilônia; a estátua de Zeus, em Olímpia, e o templo de Diana, em Éfeso.

Mas o soberbo sepulcro que Artemísia II mandou erigir à memória do esposo ficou entregue à poeira, ao esquecimento e à destruição. A pirâmide do grande faraó é um monstro glorioso e frio no deserto. O orgulhoso farol de quatrocentos pés de altura eclipsou-se nas brumas do passado. O colosso de Rodes, todo de bronze, foi arrasado por tremores de terra e vendido aos pedaços a famoso usurário. Os magníficos jardins da rainha assíria confundiram-se com o pó. A estátua imponente de Olímpia jaz entre as ruínas que marginam as águas do Alfeu. E o templo suntuoso consagrado a Diana, em Éfeso, foi incendiado e destruído.

O mundo de hoje possui também as suas maravilhas modernas:

Os arranha-céus de Nova Iorque; a torre Eiffel de Paris; a catedral de Milão; o museu do Louvre; o palácio de Versalhes; a construção de Veneza e o canal de Suez, além de outras, como o telégrafo, o transatlântico, o avião, o anestésico, o rádio, a televisão e a energia atômica...

Existe, no entanto, certa maravilha de sempre que, acessível a todos, é o tesouro mais vasto de todos os povos da Terra.

Por ela, comungam entre si as civilizações de todos os tempos, no que possuem de mais valioso e mais belo. Exuma os ensinamentos dos séculos mortos e permite-nos ouvir ainda as palavras dos pensadores egípcios e induz à distância de milênios... Faz chegar até nós a ideia viva de Sócrates, os conceitos de Platão, os versos de Vergílio, a filosofia de Sêneca, os poemas de Dante, as elucubrações de Tomás de Aquino, a obra de Shakespeare e as conclusões de Newton...

Alavanca da prosperidade, é o braço mágico do trabalho. Lâmpada que nunca se apaga, é o altar invisível da educação.

Através dela, os sábios de ontem e de hoje falam às gerações renascentes, instruindo e consolando com a chama intangível da experiência...

E é ainda por ela que, no ponto mais alto da Humanidade, comunica-se Jesus com a vida terrestre, exortando o coração humano.

— Procurai o Reino de Deus e sua Justiça... Perdoai setenta vezes sete... Ajudai aos inimigos.

Orai pelos que vos perseguem e caluniam... Brilhe a vossa luz... Amai-vos uns aos outros como eu vos amei...

Essa maravilha de sempre é o LIVRO.

Sem ela, ainda que haja Sol no Céu para a Terra, a noite do Espírito invadiria o mundo, obscurecendo o pensamento e matando o progresso.

## ~ 7 ~
## *Acertando contas*

Meu amigo,
Diz você que o médium, a rigor, deveria ser um estranho às letras para garantir a genuinidade do intercâmbio espiritual. Uma espécie de truão, atacado de mongolismo, cuja posição primitivista assegurasse a legitimidade do fenômeno.

Teríamos, assim, um espetáculo de êxito insofismável, à maneira dos êxitos de um encantador cuja presença a plateia reclama, pedindo bis.

Mas é você mesmo o autor de várias declarações inequívocas de que a Doutrina Consoladora dos Espíritos é mestra de almas, com objetivos fundamentais na construção do Reino Divino nos corações humanos.

E acredita que os desencarnados responsáveis devam começar o sublime serviço, através de números estonteantes, valendo-se do primeiro bufão que lhes surge à mira?

Não desrespeitemos o valioso trabalho de pesquisa realizado pelos antecessores de Richet e pelos continuadores dele no campo da observação. Os medianeiros, chamados a doar energias nas tarefas de materialização, constituem excelentes operários do bem, preciosos e raros, semeando robustas convicções a serviço do raciocínio. Quase sempre controlados por orientadores invisíveis, permanecem, por enquanto, confinados em setor especialíssimo. São instrumentos através dos quais nasceram respeitáveis teorias da Ciência comum, interessada em não capitular diante do Espiritismo puro.

O problema, pois, nesse caso, é o da exteriorização da "força" com a qual é possível plasmar provisoriamente no tabuleiro das formas.

Daí, contudo, a dizer que o médium, em si, deva ser um idiota autêntico, seria fazer consagração da ignorância.

Pretenderia, porventura, garantir um milagre à custa de humilhação alheia? A fé que adornasse uns tantos não seria honesta se, por manter-se, viesse a exigir a cretinice de outros.

O médium, contrariamente ao parecer que você enuncia, não pode repousar no serviço de autoiluminação.

Quanto mais aprimorado, mais eficiente o aparelho radiofônico. E, se isto ocorre, na esfera de realizações transitórias, através de metais que se desfazem com o tempo, que dizer dos impositivos das de ascensão do Espírito eterno?

A riqueza mediúnica, num trabalho persistente e sólido, depende das técnicas de sintonia. E essas técnicas, em boa lógica, significam conquistas espirituais do aparelho receptor, vivo e consciente, na existência atual ou nas reencarnações passadas.

Sintonia é reflexão, e ninguém pode refletir o que ainda não sente.

O nosso valoroso Camarão, não obstante a bravura com que preservou o solo pátrio, há trezentos anos, podia ser, efetivamente, um pequeno Alexandre, a comandar as lides da guerra que, no fundo, sempre nos reaproximam da taba, mas talvez não pudesse traduzir, naquele tempo, a leveza e a graça dos contos de La Fontaine, seu glorioso contemporâneo, antes de longa e castigada preparação.

Ninguém pode trair o tempo, e a conquista individual na sabedoria e no amor representa a verdadeira e inalienável condecoração do Governo do Divino Mundo.

Aliás, você pode reparar a realidade de nossas afirmativas na própria evolução do Cristianismo.

Jesus abraçou os pescadores simples e humildes, mas não os transformou em mágicos baratos do populacho.

Mateus troca a jurisdição fiscal pela meditação nos Escritos Sagrados, penetrando a cultura siro-caldaica e convertendo-se em oráculo da Boa-Nova, na Judeia e na Etiópia, onde conheceu testemunho doloroso. João abandona a pescaria e interna-se no mundo grego, para deixar-nos o monumento sublime do seu Evangelho Revelador. Pedro esquece as redes e as próprias fragilidades para examinar, atencioso, os textos dos profetas, de mistura com os labores sacrificiais da caridade, tornando-se o supervisor dos debates doutrinários de Jerusalém e aceitando o martírio e a morte da cruz em vista da sagrada compreensão adquirida.

Não precisamos, porém, navegar tão longe.

Tem você o seu escritório e a sua lavoura.

A tarefa pede-lhe prosperidade e eficiência. Cada companheiro de trabalho que lhe atende as diretrizes na subalternidade é seu médium no labor comum, intermediário de seu pensamento, de sua decisão e de seus interesses no círculo de luta que lhe diz respeito. Sempre vi você preferindo o auxiliar que lhe plasma a ideia com diligência, cortesia e segurança e interessando-se pelo servidor cuja enxada não tem ferrugem. Que mais? Você despede o empregado na terceira advertência mais forte, porque, como é natural, não é possível começar o mesmo serviço todos os dias, nem há estoque de paciência para repetir dez vezes a mesma lição.

Acredita, portanto, que nós, os Espíritos, chamados a lidar com os mais preciosos interesses do povo, quais sejam os da elevação da alma, a claridade do Evangelho Redentor, devemos permanecer condenados a trabalhar, dia a dia, com a ignorância sistemática e com a preguiça dos que não pretendem melhorar nem aprender, tão somente porque o infeliz que não sabe glorifica o fenômeno para a inteligência privilegiada que deve saber?

Não, meu amigo. Mude a posição do seu leme. A educação é patrimônio de todos e obrigação para quantos se dedicam ao serviço do esclarecimento alheio. E espero que você concorde pacificamente comigo, porque, nesse passo, enquanto um padre gasta a vida, de modo a bem cuidar do culto externo, um médium, para solucionar os delicados problemas da alma, seria obrigado a exibir, apenas, à porta de nossos templos veneráveis, uma certidão de analfabetismo.

# ~ 8 ~
# *A recomendação detestada*

Em plena sessão de assistência fraterna, uma senhora mirrada e pálida dirigiu-se ao Espírito Irmão Calimério, incorporado à médium do grupo, e expôs o seu caso, comovedoramente:

— Meu benfeitor, venho suplicar-lhe proteção!... Salve-me, por piedade!...

— Diga, irmã, em que lhe posso ser útil — respondeu, afável, o interpelado —; reconheço a minha deficiência, mas estou pronto a cooperar com você nas orações.

A sofredora criatura, como se tocada no imo das próprias chagas, prorrompeu em pranto e acentuou:

— Tenho meu lar em extrema luta. Meu esposo e eu debalde procuramos trabalho. Tenho quase certeza de que pesada falange de Espíritos malignos e conturbados nos segue de perto... Certo vidente já me afiançou que retenho forças mediúnicas, em franco desabrochar. Além disso, comumente me vejo em sonhos que são verdadeiros avisos. Ouço vozes noturnas, ao deitar-me, chamando-me em surdina ou implorando socorro que não sei como dispensar. De outras vezes, não somente durante a noite, mas também no curso do dia, vejo-me na posição de peça vibrátil, alimentada por pilhas elétricas, tais os incessantes choques de que sou vítima, qual se vivesse rodeada por diversas pessoas invisíveis a zombarem de minha fragilidade... Tenho procurado o patrocínio de médicos especializados, sem a mínima vantagem. Respiro entre injeções e comprimidos, castigada por regimes cruéis. Acredito que a intervenção espiritual me colocaria a salvo de semelhantes inquietações...

E elevando o tom de voz, acrescentava:

— Por quem é, meu amigo, estenda-me braços protetores! Diga-me! Como devo proceder para sanar os óbices que me impedem o acesso às fontes da paz? Como me livrar das determinações dos psiquiatras que me receitaram o internamento com aplicações de insulina?

Ante as lágrimas a inundarem o rosto da consulente, o respeitável mensageiro considerou:

— Noto a extensão de seus obstáculos. Não chore, porém. Reanime-se e viva. Há milhares de pessoas na mesma situação. O seu caso, efetivamente, resume-se em desarmonia vibratória no campo mental. Entidades desencarnadas, sedentas de emoção terrestre, se lhe aproximam da organização psíquica provocando pesadelos e outras complicações. Os médicos do mundo encontrarão sempre reais dificuldades para solucionar-lhe o enigma, porque os sedativos amolecem os nervos, mas não trazem a equação desejável. Você agora defronta com os imperativos da transposição de plano e de renovação da vida. É imprescindível, assim, o seu preparo interno, habilitando-se à sintonia com os mensageiros da Esfera Superior. E creia que a porta de acesso à posição devida é o trabalho infatigável no bem. Nossa casa é um templo de consolação e serviço. Venha, pois, minha amiga, e inicie o seu ministério de amor cristão. No estudo das realidades eternas e no serviço aos irmãos necessitados, acenderá a sua lâmpada para o caminho. À medida que seu esforço se faça mais dilatado, nas aquisições de sabedoria e de amor, maior brilho adquirirá sua luz. Não convém, entretanto, a sua vinda, até nós, entre a hesitação e o cansaço prévio. Apareça, metodicamente, com o espírito de perseverança e fé vigorosa, convencida quanto às montanhas de imperfeições que nos cabe remover, no país de nossa alma, para que a bênção do Senhor resplandeça em nós mesmos. Não pense que nós, os desencarnados, estejamos livres da cadeia benéfica do dever. Não somos emissários infalíveis, e, sim, trabalhadores do bem, com o vivo desejo de acertar. Venha, e auxiliemos, juntos, aqueles que se encontram mais necessitados que nós mesmos...

A visitante, menos entusiasta, indagou, com desapontamento:

— Então, quer dizer que aqui não me podem curar de vez?

— Sim — esclareceu Calimério, com segurança —, podemos ajudá-la a restaurar-se. Cada Espírito é médico de si mesmo, sob a orientação de Jesus. Ninguém pode antepor-se à Lei. A árvore não cresce num minuto, o sábio não se forma num dia e não podemos criar um anjo à maneira dum pinto na chocadeira. Quem pretender melhoria e perfeição, trabalhará sem desânimo. Assim, pois, minha amiga, sigamos servindo com o Mestre, para a frente.

A senhora enferma e necessitada nada mais respondeu e, por ter ouvido a recomendação de serviço em vez de frases veludosas que a embalassem no colchão de ociosidade espiritual, enxugou os olhos sob escura revolta e foi a primeira a varar a saída, empertigada e solene, sem olhar para trás.

## ~ 9 ~
## *Avarentos*

Triste pai desencarnado compareceu na sala de auxílio e rogou ao nobre instrutor que presidia costumeira reunião:

— Devotado amigo, tenho ainda na Terra dois filhos, em plena madureza, e suplico autorização a fim de amparar, mais seguidamente, um deles, que me parece à beira de queda iminente.

E, ante a benévola expressão do dignatário sublime, o requerente continuou:

— Ignorante dos princípios de causa e efeito, meu Leocádio ajuntou milhões, fazendo-se proprietário de imensa fortuna. É um sovina desditoso, a movimentar-se entre cofres recheados e assentamentos de banco, preciosidades e joias. Coração dantes generoso, ressecou-se com o tempo. Nele vejo agora usurário cruel... Em casa, transformou-se em doido varrido. Esqueceu-se de que a esposa lhe merece carinho, de que os filhos, ainda jovens, precisam de educação; se reclamam, dá-lhes dinheiro farto para que lhe não perturbem as reflexões aparentemente tranquilas, nas quais se deleita em pesadelos dourados. Não consegue mentalizar outra coisa que não seja fazendas e terras, moedas e cadernetas bancárias. E ao mesmo tempo que mostra prodigalidade exagerada ao pé da família, fora do ambiente doméstico não dá tostão a ninguém. É um verdugo dos empregados que o servem, fiscalizando panelas e armários... Nos favores que presta, cobra tributo alto, e nas compras que realiza, pechincha tudo... Em matéria de fé religiosa, aceita qualquer interpretação, desde que ninguém lhe censure o desvairado apego à finança, que se lhe erige agora no pensamento por ídolo irremovível.

Inquietando-se, diante do silêncio com que era observado, rematou, súplice:

— Juiz amorável, dá-me permissão para seguir, passo a passo, o meu pobre filho que a paixão do dinheiro transfigurou em alienado mental!

Porque o peticionário se interrompesse, chocado pela emoção, perguntou o mentor:

— Se te pronuncias na condição de pai de dois filhos, é natural que te refiras ao outro.

— O outro? — disse o interessado, entremostrando larga esperança. — O outro é Levindo, caráter ilibado, irrepreensível. Desde a mocidade, é um gênio de gabinete. Há precisamente quarenta anos, não tem outra preocupação que não seja estudar os filósofos e os cientistas da Humanidade. Vive cercado de prateleiras, em que se alinham documentos de milenária importância. Lê Platão no grego puro e decifra os códigos egípcios com uma habilidade que nada tem a invejar Champollion. Conhece as religiões com admirável senso crítico. Responde com precisão a todas as consultas que se lhe formulem, quanto às civilizações antigas e novas...

Diante da pausa que surgiu, espontânea, o emissário da Esfera Superior indagou, presto:

— Que faz ele com tamanho cabedal de cultura?

— Meu filho basta a si próprio — informou o genitor, entre orgulhoso e tranquilo.

E o ajuste continuou:
— É professor com muitos discípulos?
— Não se trata de um professor, mas de um sábio.
— Não ensina, porém, o que sabe, nem mesmo alfabetiza esse ou aquele irmão necessitado de escola?
— Ele não necessita trabalhar para o próprio sustento.
— Mesmo assim, não se dedica, por espírito de serviço, a colaborar nas atividades de alguma instituição de beneficência?
— Sinceramente, não. Guarda a índole de quem é devotado à paz de si mesmo e não suporta as complicações do povo.
— Não adota crianças, de modo a pasmar-lhes os sentimentos pelos padrões de vida superior?
— Não tolera a ingratidão e teme perfilhar hoje meninos que amanhã lhe furtem a segurança...
— Não escreve nem fala em público para instruir os semelhantes e consolá-los?
— De maneira nenhuma. Não se anima a descer da altura intelectual em que vive para rentear com aqueles que, decerto, o levariam ao desprimor pela discussão... Vive só, figurando-se-me um astro luminescente, mas absolutamente incompreendido na Terra...

O representante da Excelsa Justiça meditou por alguns momentos e, como quem não podia perder tempo, resumiu o conselho, asseverando:

— Reconsidera a solicitação, meu amigo. Ambos os teus filhos são avarentos, necessitados do Socorro Divino; entretanto, o usurário escravizado ao ouro surpreende no próprio dinheiro um excitante à provação e ao trabalho. Ainda que deseje repousar nos teres e haveres que retém, não encontrará, na abastança material, senão motivo a incessantes suplícios. Conhecerá mais cedo a verdade, por viver em contato mais direto com a hipocrisia. Estará em luta constante para segurar a fortuna que amontoou, sofrendo aflição e desconfiança entre os melhores amigos, e, tão logo desencarne, experimentará desilusões terríveis, seguindo, agoniando, as ambições de muitos dos familiares que lhe disputarão os despojos nos tribunais, à feição de milhares sobre o corpo da presa. Desencantado e sofredor, ele próprio suplicará a reencarnação, apressadamente, a fim de olvidar os antigos enganos e reparar os próprios erros. Mas o teu filho supostamente sábio é sovina da alma, ameaçado de solidão e desequilíbrio, por muitos séculos, de vez que atravessa os dias sem proveito para ninguém. Insulado no orgulho e na vaidade de saber e fugindo à felicidade e à obrigação de servir, lembra ele o poço de águas ricas e cristalinas que, por isolado e inútil, acaba verminado de podridão em si mesmo...

E, ante o pai assombrado, o juiz terminou:

— Ampara o teu filho atormentado, na Terra, pela usura da posse; no entanto, não te esqueças de que a avareza da inteligência que enlouquece o outro é muito pior.

## ~ 10 ~
## *Campanha diferente*

"— Esperava por você justamente aqui, para tratarmos de assunto sério", falou-me Capistrano, velho amigo, agora no Plano Espiritual, que conheci maduro e próspero, em pequena loja do Botafogo, ao tempo em que ainda me acomodava à carcaça enferma.

Em torno de nós, na esquina da rua Real Grandeza, grupos fraternos de amigos desencarnados chasqueavam, alegres, dos carros que despejavam criaturas e flores para as comemorações dos finados, junto ao aristocrático cemitério São João Batista.

Corbelhas e buquês, recordando joias da primavera, derramavam-se de mãos ricas e pobres, engelhadas e juvenis, em homenagem aos afetos queridos, que quase todos os visitantes supunham para sempre estatelados ali no chão.

— Soube, meu caro — prosseguiu Capistrano singularmente abatido —, que você ainda escreve para os vivos do mundo...

E, apontado para respcitável matrona acompanhada de dois carregadores portando ricos vasos, continuou:

— Grafe uma crônica recomendando a extinção de semelhantes excessos. Mostre a inconveniência do orgulho na casa dos mortos imaginários da Terra, que hoje reconhecemos deve ser um recinto de silêncio e oração. Em toda a parte, o progresso marca no mundo admiráveis alterações. Guerras modificam a geografia, apóstolos renovam leis, a civilização aprimora-se, engenhos varrem o espaço, indicando a astronáutica do futuro, no entanto, com raras exceções de alguns países que estão convertendo necrópoles em jardins, os nossos cemitérios repousam estanques, lembrando parques improdutivos, onde se alinham primorosas plantas de pedra sobre montões de batatas podres. Órgãos de fiscalização e sistemas de vigilância controlam mercados e alfândegas, na salvaguarda dos interesses públicos, e ninguém coíbe os investimentos vãos em tanta riqueza morta.

Capistrano fitou-nos, como a verificar o efeito das palavras que pronunciara veemente, e seguiu adiante:

— Imagine você que também errei por faltar-me orientação. Tive uma filha única que foi todo o encanto de minha viuvez dolorida. Marília, aos 18 janeiros, era a luz de minha alma. Criei-a com todo o enternecimento do jardineiro que observa, enlevado, o crescimento de uma flor predileta. Entretanto, mimada por meus caprichos paternos, minha inexperiente menina negou-me todas as previsões. Enamorou-se, na praia, de um rapaz doidivanas, que se entregava aos exercícios da bola, e, certa feita, menosprezada por ele, tomou violenta dose de corrosivo relegando-me à solidão. Ao vê-la nas raias da agonia, sem que meu amor pudesse arrebatá-la ao domínio da morte, rendi-me dementado a total desespero. Nunca averiguei as razões que lhe ditaram atitude assim tão drástica e jamais procurei o moço anônimo, que, decerto, ao abandoná-la, não teria a intenção de fazê-la infeliz. Passei, no entanto, a cultuar-lhe loucamente a memória. Despendi mais da metade de minhas singelas economias para erigir-lhe um túmulo de alto preço... E, por vinte anos consecutivos, adorei o monumento inútil lavando frisos, fazendo lumes, mudando enfeites, plantando flores. Envelheci chorando sobre a lápide, e quando os meus olhos divisavam o custoso jazigo, tateava o relevo das chorosas legendas...

Um dia, chegou minha vez. O coração parou, deslocando-me do corpo hirto. No entanto, embora desencarnado, apeguei-me ao sepulcro que venerava, estirando-me nele. Se amigos logravam afastar-me para esse ou aquele mister, acabava tornando ao formoso monstro de mármore para lamentar-me, a clamar pela filha que não conseguia ver. Quatro anos rolaram sobre minha aflitiva situação, quando, em determinada manhã, experimentei contentamento indizível, sentindo-me à feição da terra gelada que se reaviva ao calor do sol. Inexplicavelmente contemplava Marília na tela da saudade, qual se lhe fosse receber, de novo, o beijo de amor e luz, quando antigo orientador buscou-me, presto, e, conduzindo-me bondoso à rua General Polidoro, apontou-me um homem suarento e cansado a carregar ternamente, nos próprios braços, triste menina muda, paralítica e pobre... Ao fixar-lhe os olhos embaciados de criança-problema, a realidade espiritual clareou-me a razão. Surpreendera Marília reencarnada, em rudes padecimentos expiatórios, e, mais tarde, vim a saber que renascera por filha do mesmo homem que lhe fora motivo ao gesto tremendo de deserção... Desde essa hora, fugi das ilusões que me prendiam a pesadelo tão longo!... Acordei renovado, para novamente respirar e viver, trabalhar e servir...

Capistrano enxugou o pranto que lhe corria copioso e ajuntou com amargura:

— Escreva, meu amigo, escreva às criaturas humanas e informe, claramente, que os vivos da Espiritualidade agradecem o respeito e o carinho com que se lhes dignificam os restos, mas rogue para que se abstenham destes quadros fantásticos de vaidade ostentosa com que se pretende honrar o nome dos que partiram... Peça para que socorram as crianças desajustadas e enfermas, enjeitadas e infelizes com o dinheiro mumificado nestes cofres de cinza... Diga-lhes para que se compadeçam dos meninos desamparados e que, provavelmente, muitos daqueles entes inolvidáveis pelos quais procuram nos carneiros de luxo, estão hoje em provações cruéis, nos institutos de correção ou no leito dos hospitais, na ociosidade das ruas ou em pardieiros esburacados que o progresso esqueceu... Fale da reencarnação e explique-lhes que muitos dos imaginados mortos que ainda amam jazem sepultos em corpos vivos, quase sempre desnutridos e atormentados, suplicando alimento e remédio, refúgio e consolação...

A palavra do amigo silenciou, embargada de lágrimas, e aqui me encontro, atendendo à promessa de redizer-lhes a história numa página simples. Entretanto, não guardo a pretensão de ser prontamente compreendido, de vez que, se estivesse na Avenida Rio Branco ou na Praça Mauá envergando impecável costume de linho inglês, entre homens ainda encarnados, eu diria também que este caso é um conto de mortos para mortos e que os mortos devem estar mortos sem preocupar a ninguém.

## ~ 11 ~
## *Caso de consciência*

Declara-se você, meu amigo, extremamente fatigado na luta pela vitória do bem, e acrescenta em sua carta: "Que fazer, irmão X? Não aguento mais injúrias, incompreensões, sarcasmos, críticas... Só penso em retiro, sossego, e, à noite, quando consigo dormir, se sonho, a única coisa de que não me recordo é de uma rede de embalo, que passou a viver em minha memória, incessantemente".

De fato, meu amigo, cansaço é sofrimento, e dos maiores; no entanto, já que você nos pede opinião, rogo licença para narrar-lhe ocorrência ligeira no domínio das sombras.

Denodado legionário de obra salvacionista contou-nos que em tenebroso recanto da Espiritualidade Inferior, quase que numa cópia perfeita de antiga parábola, atribuída a Lutero, reuniu-se graduado empreiteiro do mal com diversos cooperadores. Propunha-se a ouvi-los sobre alguma ideia nova quanto a vampirizar os amigos encarnados na Terra. Encontro de quadrilheiros, como acontece, aliás, em muitos lugares do Plano Físico.

Exposto o objetivo da assembleia pelo diretor da crueldade organizada, anotou um dos assessores:

— No mês passado, açulei um cão hidrófobo contra dois seareiros do bem, que estudavam o Evangelho, e consegui que a morte os pusesse fora de ação...

— Trabalho inútil — enunciou o sombrio dirigente; ambos, a estas horas, estarão, em espírito, apoiando obras de maior importância, na Terra mesmo. Terão saído da desencarnação com amparo dos Céus.

— Eu — confidenciou o segundo — entreteci uma rede de intrigas contra uma senhora dedicada a Jesus, e tão eficientemente me conduzi, que o marido já a abandonou, arrancando-lhe os filhos...

— Esforço improdutivo — zombou o chefe —. Você nada mais fez que endeusar determinada mulher... Ela acabará vencendo pela abnegação...

— No meu setor — proclamou estranho assalariado da delinquência —, provoquei o ódio gratuito de um louco sobre um seguidor fiel do Cristo, que foi morto, na semana passada, por espessa carga de balas.

— De nada valeu — comunicou o mentor —. A vítima foi guindada à condição de mártir e, fora do corpo terrestre, se dedicará mais intensamente em favor da Humanidade...

— Quanto a mim — expressou-se outro cooperador —, logrei confundir todo um agrupamento de aprendizes da Boa-Nova, e, agora, cinco dos melhores elementos jazem afastados pela imposição da calúnia, urdida com segurança...

— Empreendimento frustrado — revidou o comandante —; os injuriados saberão aproveitar a oportunidade, a fim de trabalharem com Jesus, através do exemplo...

Silenciou a pequena junta, algo desencantada, quando um dos auxiliares acentuou com sorriso irônico:

— Chefe, parece mentira o que vou contar, mas, desde muito tempo, percebi que perseguição só serve para promover os perseguidos. Imaginei, assim, que o melhor meio de anular os colaboradores de Jesus é exagerar-lhes as pequeninas depressões e pô-los a dormir. Em seis meses, já coloquei oitenta servidores do Evangelho fora de ação, em casas de repouso, leitos, redes e acolchoados... A receita não falha. A pessoa experimenta ligeiro abatimento, e entro em cena com as nossas velhas hipnoses. O resultado é tiro e queda. Sono que não acaba mais. Desse modo, os melhores dessa gente do Cristo não mais trabalham, nem na Terra, nem nos Céus...

O maioral aplaudiu, freneticamente, o comunicado e dispensou a presença de todos os demais participantes do grupo, a fim de se entender mais profundamente com o sagaz companheiro.

Como é fácil de anotar, meu amigo, depressão é um problema.

Para rematar, digo a você que, há tempos, eu mesmo, pobre cronista desencarnado há bons trinta e cinco anos, também me senti, certa feita, sob enorme abatimento. Procurei, para logo, um orientador amigo, solicitando conselho. Ele me ouviu carinhosamente, bateu de leve nos meus ombros, e observou, afinal:

— Meu caro, se você sofre algum desgaste nas próprias forças, procure melhorar-se, refazer-se. Guarde, porém, muito cuidado com semelhante assunto. A fadiga existe mesmo, entretanto, é sempre um caso de consciência, porquanto, ao que saibamos, ninguém, até hoje, conseguiu verificar realmente onde termina o cansaço e começa a preguiça.

## ~ 12 ~
## *De atalaia*

Não, meu amigo. Não diga que nós, os companheiros desencarnados, ressurgimos da morte convertidos em feitores intolerantes, na construção da fé.

Quando você examina o zelo natural com que pretendemos defender os princípios de Allan Kardec, para que a Doutrina Espírita avance, pura, na hora presente de profundas transições, parece surpreender em nós a valentia de Torquemada, mentalizando fogueiras e remoendo perseguições.

Entretanto, não é assim.

Se você estivesse fora do carro fantasioso da carne, a modo de cavaleiro desmontado, com a obrigação de varar, passo a passo, o próprio caminho, decerto pensaria de outra forma.

Ignoro se você já terá penetrado num grande hospício; contudo, é possível saiba você que quase todos os internados no manicômio são criaturas absolutamente fora da realidade.

Temos aí supostos reis, empertigando a cabeça escaveirada; fidalgos imaginários, ostentando calhaus à guisa de brilhante;

caprichosos proprietários, sobraçando papel inútil por documento valioso, e até mesmo pobres irmãos de olhar fusco, acreditando-se animais em posturas excêntricas.

O psiquiatra chega, inquieto, a semelhante submundo da mente enfermiça, coça a cabeça, examina a clientela e aplica, discriminadamente, o barbitúrico e a insulina, o eletrochoque e a lobotomia; no entanto, raramente consegue rearticular, de todo, o raciocínio dos alienados que o desequilíbrio ensandece.

Essa, meu caro, é a única imagem de que me lembro para exprimir o quadro que nos toma, de assalto, após a desencarnação. Guarda-se a ideia de que a paisagem social da Terra, quase toda ela, está cercada de Espíritos dementados, em cujos cérebros o discernimento sofre eclipse doloroso. Milhões dos que já se desamarraram da carne prosseguem, aqui, psiquicamente jungidos à cristalizada reminiscência daquilo que foram entre os homens, afazendo-se à teimosia recalcitrante, quais se fossem donos de pessoas e honrarias, terras e fazendas, casas e posses, objetos e coisas. Há quem se julgue comandante do povo, gritando, debalde, nas trevas de si mesmo; quem se arroga na posição do senhor da retaguarda, reclamando situações que não voltam; quem se presume santo, carregando paixões subalternas; e há exércitos de infelizes, aprisionados em pavorosas ilusões, alimentadas pelas inteligências bestializadas no vampirismo ou na delinquência.

Isso tudo porque os tabus de todas as procedências ainda dominam a vida mental da maioria dos espíritos encarnados, obstruindo-lhes a visão mais ampla na direção da imortalidade. E convenhamos que, na Terra de agora, o Espiritismo simples e sereno é a maior escola de libertação da mente, o abrigo seguro para o entendimento religioso da vida, no qual aprendemos que todos estamos entregues a nós mesmos, em matéria de responsabilidade perante as Leis Divinas, e que todos receberemos, na Terra ou alhures, segundo as nossas obras.

É por observar de perto as consequências terríveis das mentiras e dos preconceitos humanos, nas rotas do espírito, que prosseguiremos trabalhando pela preservação da Doutrina Espírita, indene de dogmas e superstições, artificialismos e rituais.

Libertemo-nos, por dentro, para que a liberdade maior venha ao nosso encontro.

Finalizando, creio não seja cabível recorrermos, nesse aspecto do nosso estudo, aos exemplos de tolerância por parte do Cristo. Indubitavelmente, Jesus revelou-se por amigo e irmão de todos: entretanto, em nome da caridade e da solidariedade, não se permitiu entrelaçar as mãos, politicamente, com Anás e Caifás, tanto quanto com outros distintos sacerdotes do seu tempo, a fim de que lhe injetassem convenções e escapes nas hígidas lições de que se fazia portador. Tentado ao ajuste, preferiu silenciar e morrer.

O Mestre Divino, certo, quis patentear-nos que o amor não vai sem a verdade e que a verdade, para ser defendida, precisará de resistência, ainda mesmo que essa resistência reserve para si mesma apenas o clima do sarcasmo e a morte na cruz.

## ~ 13 ~
## *Médiuns, ontem e hoje*

Decididamente você tem razão quando se reporta à felonia sutil dos adversários gratuitos do Espiritismo, quando expõem os médiuns da atualidade a toda sorte de injúrias.

"— Basta que alguém se disponha a servir entre as duas esferas, para que lhe amargue a vida, que passa, então, a ser criticada e policiada por toda gente", afirma você com larga dose de pessimismo.

Entretanto, se meditar demoradamente, cotejando a posição dos médiuns de hoje com a dos médiuns de ontem, reconhecerá que as dificuldades modernas são simples operações do campo opinativo, resultando sempre em propaganda maior das verdades eternas, enquanto que os entraves do pretérito emolduravam invariavelmente a asfixia da revelação e a morte dos medianeiros.

Há pouco mais de duzentos anos, espíritos notáveis, quais Voltaire e Benjamim Franklin, já se encontravam no mundo, trabalhando pela libertação mental do povo, todavia, quem nessa época se atreveria a falar na sobrevivência da alma, sem os figurinos teológicos? Quem poderia enunciar conceito mais amplo da fraternidade humana ou referir-se aos fundamentos da evolução?

Perseguidores sistemáticos mantinham-se a postos.

Tudo o que escapasse ao metro estabelecido para os assuntos da fé, transpirava heresia. E desde o Tratado de Paris, em 1229, assinado sobre o sangue dos albigenses, a Inquisição havia nascido para depurar os hereges e acomodá-los às trevas da intolerância.

Quem procurasse enxergar a verdadeira posição de Jesus, quem se propusesse à livre interpretação das letras sagradas, quem admitisse a dignidade individual nas vítimas da escravidão e quem se abalançasse a mostrar faculdades mediúnicas era chamado a inquéritos aviltantes, padecendo, de imediato, a segregação em masmorras inacessíveis, sob o capricho delituoso de príncipes e sacerdotes, magistrados e qualificadores inconscientes. E consumada a detenção da criatura infeliz, que se dispunha a pensar por si, começava o suplício lento pelo qual as autoridades caridosas disputavam a Satanás a alma cândida e valorosa que persistia em acreditar na liberdade do pensamento. Iniciava-se o processo condenatório, a preço de confissões extorquidas à fome, quando os instrumentos de martírio não funcionavam em recintos infectos, nos segredos da noite. Encarceravam-se-lhe os parentes, para informes especiais. Arrancavam-se depoimentos de réus contra réus para que as indicações caluniosas alcançassem o objetivo. O ódio começava as sentenças para que o medo as completasse. E estabelecida a suposta criminalidade da vítima, confiscavam-se-lhe os bens, que passavam, quase sempre, ao domínio dos delatores, erguidos à condição de profissionais da mentira e da infâmia, com vistas a escusos fins.

Se o condenado era homem, mais depressa era arrancado à cama podre do cárcere para a fogueira conveniente, mas se fosse mulher, ampla demora experimentava no calabouço para que se lhe profanassem os sentimentos, pelos aguilhões da necessidade, ou pelo acicate do desespero, antes que fosse entregue ao socorro da morte.

Aos padecimentos físicos e morais, nas celas apertadas e fétidas, acrescentava-se o estigma sobre os descendentes que, fora das grades, eram compelidos a exílio certo pelo sarcasmo do populacho, e a muitos deles, para que se lhes terrificasse o ânimo, enviava-se, de antros invioláveis, os cabelos e olhos, as orelhas e as mãos, de pessoas queridas, quando os prisioneiros se extinguiam de dor, sem possibilidade de exibição pública nos solenes autos de fé.

A degradação extrema e o flagelo irremediável constituíam resposta legal a todo impulso de emancipação religiosa, em quase todas as linhas da civilização, somente há dois outros séculos, com os mais celebrados tribunais de tortura, em nome do Cristo, o Divino condenado à morte por haver ensinado a paternidade de Deus, a responsabilidade da consciência e o amor puro entre os homens.

Como vê, não precisamos vascolejar o lixo do tempo para descobrir as conquistas da Humanidade e exaltá-las com a nossa admiração.

Não podemos negar que os médiuns da atualidade estão expostos à incompreensão e à ironia de muitos, pois a ignorância é joio habitual na lavoura do progresso, entretanto, a lógica vem subindo de cotação entre os homens, e todo intérprete dos desencarnados, no Espiritismo, pode responder com a palavra inarticulada do dever nobremente cumprido às campanhas de insulto e difamação, reconhecendo-se que a criatura humana não vale simplesmente pelos princípios que exponha, mas, acima de tudo, pela vida que se decida a viver.

Dito isso, meu caro, e para que não nos alonguemos em ociosa argumentação, conduzamos nossa bandeira de imortalidade para adiante, oferecendo ao Cristo e ao próximo o melhor de nós mesmos, a cavaleiro da calúnia e da crueldade, porque enquanto o mundo não se houver convertido em Reino de Deus, a boca de maledicência na Terra é como a boca da noite que não se fecha para ninguém.

## ~ 14 ~
## *Mediunidade e luta*

Diz você que a mediunidade parece não encontrar recanto entre os homens, e, decerto, você argumenta com sobejas razões.

Basta que a criatura evidencie percepções inabituais, entrando em contato com as inteligências desencarnadas, para que sofra policiamento constante. Examina-se-lhe a ficha social, pede-se-lhe o grau de instrução, analisam-se-lhe os hábitos de leitura e emprestam-se-lhe qualidades imaginárias para que se lhe cataloguem os serviços de intercâmbio no capítulo de fraude inconsciente. E encontrada essa ou aquela brecha naturalmente humana, no conjunto da personalidade medianímica, por mais convincentes hajam sido as demonstrações da vida espiritual por seu intermédio, vê-se marcado o sensitivo à conta de embusteiro confesso.

Sabe-se que as irmãs Fox, pioneiras do Espiritismo, quando em plenitude das forças psíquicas, foram ameaçadas de linchamento, num salão de Rochester, porque distinta comissão de pessoas insuspeitas se manifestou à legitimidade das comunicações de que se faziam intérpretes, e, mais tarde, quando fatigadas da incompreensão e sofrimento, se afizeram ao uso de certos aperitivos, como acontece a algumas damas distintas e infelizes da sociedade moderna, foram consideradas ébrias impenitentes, que fraudaram a vida toda.

Convença-se, contudo, de que não é propriamente o médium o objeto da injúria e sim a realidade da sobrevivência além-túmulo, que a maioria dos homens, atolada no egoísmo, não quer aceitar.

Depois de soberbas e irrecusáveis demonstrações da imortalidade da alma, com a chancela de sábios eminentes, nas mais cultas nações do Globo, a ciência terrestre, manobrando inconcebíveis sutilezas de raciocínio, procurou desterrar a Doutrina Espírita e seus areópagos e experimentos, fundando a metapsíquica e a parapsicologia, com o intuito evidente de procrastinar a verdade.

Há mais de um século, doutos pesquisadores, dignos, aliás, do maior respeito, observam médiuns e fenômenos mediúnicos quais cobaias e reações do laboratório, mas, com raras exceções, se inquiridos quanto à existência da alma, esboçam clássico sorriso de superioridade e desprezo.

O que o homem, por enquanto, não deseja absolutamente admitir é a responsabilidade de viver.

Entretanto, isso não é motivo para esmorecimento de nossa parte.

A ideia da imortalidade foi apaixonadamente perseguida em nosso Divino Mestre.

A Humanidade pressentiu que Ele trazia a maior mensagem da Vida Eterna e, por todos os meios, hostilizou-lhe a presença.

Contemplado a distância, Jesus apareceu como alguém injustamente corrido de toda parte.

Recusado pelas estalagens de Belém, é constrangido a buscar as sombras da estrebaria para nascer. Mal descerra os olhos, é transportado por Maria e José, em demanda do Egito, fugindo à espada de inesperadas humilhações. Detém-se, de retorno, nas alegrias de Nazaré, fruindo a convivência dos familiares mais íntimos, no entanto, em pleno ministério de amor, é escarnecido pelos seus. Qual Mestre sem lar, jornadeia de vila em vila, consagrando-se aos sofredores. Ele mesmo registra a dureza de Betsaida e lastima os remoques que lhe são desfechados em Corazim e em Cafarnaum. Em todos os lugares, há quem lhe ironize o trabalho. Encontra por refúgio a casa da Natureza e mobiliza, por tribunas da Boa-Nova, pobres barcos de alguns amigos. Após inolvidáveis ações, em que positiva a perpetuidade do espírito, visita Jerusalém, mais uma vez, para o testemunho de fé santificante; contudo, malquisto no templo, por dizer a verdade, é preso e conduzido ao Sinédrio. Os grandes sacerdotes, tentando turvar-lhe o ânimo, enviam-no a Pilatos para julgamento sub-reptício. O magistrado, entretanto, receando-lhe a força moral, remete-o ao exame de Herodes. Mas este, irônico e matreiro, devolveu-o ao juiz inseguro, que o entrega, então, à ira do populacho, que, não sabendo onde mais o coloque, dependura-o no lenho da ignomínia como vulgar malfeitor. Glorificado, volta Jesus, redivivo, à intimidade dos homens, mas ainda aí, os principais do templo subornaram soldados e guardiães com dinheiro de contado para desmoralizarem a mensagem da ressurreição do Senhor.

E, no transcurso de quase três séculos, todos os seguidores fiéis do Nazareno, por lhe guardarem o ensinamento puro, foram batidos, vilipendiados, espoliados, caluniados, encarcerados ou lançados às feras, nos espetáculos públicos, até que a política e o profissionalismo religioso escondessem a Divina Revelação na intrincada vestimenta do culto externo.

Como vê, meu caro, a perseguição gratuita a que se refere é de todos os tempos. Sirvamos, contudo, à realidade do espírito com destemor e seriedade, porquanto a morte é o velho meirinho da grande renovação que não poupa ninguém.

## ~ 15 ~
## *Complemento*

À vista de minha opinião despretensiosa, com referência aos médiuns, declara você que estamos insinuando a criação de uma casta sacerdotal, dentro do Espiritismo livre.

Admitindo a necessidade de educação dos intermediários entre este mundo e o outro, estaríamos preconizando o seminário e a academia para a formação de teólogos e doutores em ciências mediúnicas.

Acredite, porém, meu amigo, que não foi este o nosso propósito.

Não sabemos se vocês guardam a intenção de instalar escolas de médiuns nem arriscaríamos qualquer palpite que inclinasse trabalhadores do bem a disputas infrutíferas, quando não ruinosas e detestáveis.

Achamo-nos todos, vocês e nós, num vasto serviço de experimentação para consolidar o sistema de intercâmbio entre duas esferas, mas, em verdade, a organização de quaisquer serviços terrestres, embora controlados e inspirados pelas Determinações Superiores, é sempre do homem.

O que fizemos do Cristianismo Redentor de Jesus, já sabemos: capelinhas de separação e crítica por toda parte, nos setores religiosos, atrasando a vitória da fraternidade legítima entre as criaturas. Entretanto, ignoramos totalmente o que vocês esperam fazer da mediunidade.

Desejávamos apenas dizer, em escrevendo as páginas que lhe mereceram tão graves apreensões, que as faculdades psíquicas exigem esforço reiterado, trabalho digno, perseverança no bem, crescimento na sabedoria e aprimoramento na virtude, dentro do individualismo sadio e edificante.

Não acreditamos em possibilidades de acabamento do Reino Divino em massa. Isto seria derrogar o esforço próprio, base da sublimação de toda vida. Cremos em discípulos devotados ao serviço e aprovados pelo Mestre.

As universidades do mundo soltam milhares de médicos anualmente; contudo, aparecem raros missionários da medicina.

Na tarefa do Evangelho santificador, a glória não prevalece num título provisório que honra a personalidade de fora para dentro, e, sim, nos testemunhos com que o servo se faz amado e respeitado, de dentro para fora.

Que dizer de médiuns, detentores do ministério de curar, que odiassem doentes? Como interpretar os medianeiros, convidados aos comentários dos Livros Divinos, que fugissem ao alfabeto?

Sem espírito educado não há missão educativa.

A mediunidade é um "talento" magnífico de que o Supremo Doador pedirá contas em momento oportuno.

Enriquecer-se de qualidades intrínsecas para melhor servir aos administradores das bênçãos celestiais não será para todo médio comezinho dever?

Não nos reportamos aqui às faculdades dos companheiros entusiastas que relacionam dois sonhos sensacionais e duas visões proféticas, durante a vida inteira, para alicerçarem suas convicções de imortalidade da alma, em confortáveis poltronas depois do jantar. Referimo-nos aos cooperadores que descobriram a necessidade de trabalhar, constantemente, pela ascensão da própria alma e pelo progresso da coletividade em que respiram como quem sabe que o pão é alimento de todo o dia.

Jamais se deteve na palavra do Mestre quando nos diz que o Reino de Deus não viria com aparências exteriores, e, sim, que deveria ser edificado dentro de nós?

Reconhecemos o valor da cooperação, e não seria lícito subestimar a importância do serviço em grupo, na regeneração e aperfeiçoamento da Terra, mas não precisamos de longa teoria para comprovar a necessidade do individualismo sublimado na obra redentora do Espiritismo.

Isto é crucial em todos os ângulos da vida comum.

A imprensa, no avanço fundamental, não nos veio pela massa de copistas que nos vendiam manuscritos, desde muitos séculos, e sim por intermédio de Gutenberg, que empenhou coração e cérebro no assunto. A navegação a vapor, na expressão máxima, não aparece pelo esforço conjunto dos marinheiros e maquinistas de todos os matizes, e, sim, por Fúlton, que sonha a realização e a ela se aplica. A cura da hidrofobia não procede da comunidade dos médicos, e sim dos estudos e sofrimentos de Pasteur. O milagre da luz elétrica não surge através da multidão de servidores das companhias de gás, e sim pelo suor e pelas vigílias de Édison.

Suas observações fazem-me lembrar a antiga história do general que ordenou e do comando que não atendeu.

Se me não falha a memória, o subalterno anunciou-lhe motins e arruaças populares, e o velho comandante, atacado de tosse renitente, lamuriou em francês: "*Ma sacrée toux!*" O soldado distraído, porém, supôs que o chefe havia dito: "*Massacrez tous!*", e saiu correndo, transmitindo aos companheiros a estranha ordem de matar-se a torto e a direito.

Se não encontrarmos médiuns dispostos a se educarem e melhorarem, amando a tarefa que o Senhor lhes confiou, estejamos convictos de que os nossos trabalhos, em matéria de intercâmbio espiritual, acabarão realmente massacrados.

## ~ 16 ~
## *Consciências*

Ao rei Tajuan, do Iêmen, numa audiência rotineira, foram trazidos cinco malfeitores que lhe haviam requerido proteção e misericórdia.

Seguido de guardas vigilantes, aproximou-se o primeiro e rogou, em lágrimas, após beijar o escabelo em que o soberano punha os pés:

— Perdão, ó rei! Juro pelo Altíssimo que não matei com intenção... Comecei a discutir com o ladrão de meus cavalos e, em certo momento, senti a cabeça turva... Rolei no chão sobre o meu contendor, e, quando me dominei, o gatuno estava morto! Piedade! Piedade para mim, que não tive força de governar o coração!... Só agora, na prisão, ouvi a palavra de um homem que repetia as lições do profeta... Só agora compreendo que errei!...

O soberano chamou o vizir que o acompanhava e determinou que entregasse o réu aos cuidados de um médico, a fim de que fosse julgado com indulgência, depois do tratamento preciso.

Adiantou-se o segundo e clamou, submisso:

— Glorificado seja Alá, em vossa presença, ó rei generoso! Compadecei-vos de mim, que sou ignorante e mau! Jamais pude ler uma só frase dos Sagrados Preceitos e somente agora, depois de embriagar-me e espancar meu pai, inconscientemente, é que vim a saber que o homem não deve crescer como as bestas do campo!...

O rei fitou-o, compassivo, e determinou que o denunciado fosse prontamente admitido à escola.

Veio o terceiro e implorou:

— Clemência para mim, ó representante de Alá... Sou analfabeto. Desde a infância, trabalho no mercado para sustentar meus avós paralíticos... Observando que vários negociantes obtinham maiores lucros, roubando nos pesos, não hesitei seguir-lhes os maus exemplos. Juro pela memória de meus pais que não sabia o que andava fazendo...

Tajuan, complacente, recomendou medidas para que o desventurado permanecesse, largo tempo, sob as lições de um guia espiritual.

O quarto réu abeirou-se do estrado real e suplicou:

— Perdão, perdão, ó rei justo! Assaltei a casa do avarento Aquibar, porque não mais suportava a penúria... Tenho mulher e nove filhos famintos e enfermos!... Sou um cão batido pelo sofrimento... Cresci na areia, sem ninguém que me quisesse... Sei que Alá existe, porque é impossível haja sol e caia chuva sem um pai que nos olhe do céu, mas nunca aprendi a soletrar o nome do Eterno!...

Extremamente comovido, Tajuan solicitou ao ministro expedisse socorro urgente à choupana do infeliz e ordenou que um mestre o instruísse nos deveres do homem de bem, antes que a falta subisse à mais ampla consideração dos juízes.

Por último, apresentou-se um homem de porte orgulhoso, que fez a reverência de estilo, e solicitou:

— Sapientíssimo rei, peço a vossa benevolência para mim, que tive a desventura de furtar um adereço de brilhantes, na festa de Joanan ben Kisma, judeu rico e preguiçoso, conhecido inimigo de nossa raça... Conheço as leis que nos regem e acato os ensinamentos do profeta, mas não pude resistir à tentação de levar comigo uma joia do usurário, que as possui aos montões... Benevolência, ó Rei Tajuan! Rogo a vossa benevolência!...

O soberano, porém, franziu a testa, contrariado, e, com assombro de todos os circunstantes, determinou que o árabe culto recebesse, atado a um poste, trinta e seis chicotadas, ali mesmo, diante de seus olhos, para, em seguida, ser trancafiado no cárcere por dois anos.

— Pela glória de Alá, ó rei sábio! — exclamou, confundido, o vizir, a cuja autoridade se rogara auxílio para o distinto acusado. — Como interpretar a vossa munificência? Destes medicação a um criminoso, escola a um ébrio e socorro material e moral a dois ladrões, e indicais pena assim tão cruel a um filho de nosso povo que venera o profeta unicamente pelo fato de haver desaparecido uma joia dos tesouros de um agiota desprezível?

— Por isso mesmo, ó vizir, por isso mesmo! — falou Tajuan, desencantado. — Por saber tanto, é mais responsável... Os quatro primeiros eram ignorantes, e todos os ignorantes são infelizes, mas o quinto culpado é um homem finamente instruído e sabe perfeitamente o que deve fazer!

Há quem afirme que nós, os que nos fizemos espíritas, encarnados ou desencarnados, sofremos mais que os nossos semelhantes, carregando aparentemente cruzes mais pesadas; no entanto, nós, os espíritas, conhecemos as leis que nos governam os destinos, e, por essa razão, mais responsáveis somos pelos nossos atos.

## ~ 17 ~
## *Definição inesperada*

Silvério Conde voltara de longa viagem à Europa e aos Estados Unidos, e, presente à sessão no modesto grupo de cultivadores da seara espírita, que frequentava de tempos em tempos, declarou que apresentaria importante relato, mas somente quando João da Mata, um dos colaboradores desencarnados da instituição, estivesse a postos. Razões de reconhecimento e simpatia pessoal. A noite era de socorro aos obsidiados, e, à face disso, larga fila de doentes se esparramava nos bancos próximos; entretanto, era a única, naquela semana, em que lhe seria possível falar, de modo direto, com o amigo espiritual que viria, caridoso, ao encontro dos enfermos, necessitados de paz e consolação.

Após lhe receber as saudações fraternas, nos votos de boas-vindas, através do médium Celino, que lhe emprestava as faculdades, principiou Silvério, entre solene e discreto:

— Irmão João, é justo que me entusiasme ao dizer-lhe, tanto quanto aos nossos companheiros, que voltei armado de novos recursos, em matéria de fé. As experiências que eu tive ocasião de acompanhar em Londres foram deveras convincentes. Comecei assistindo a preciosas demonstrações de clarividência em duas das grandes sessões do Congresso Espírita Internacional. Médiuns que nada conheciam da Itália identificaram diversos familiares de amigos meus, domiciliados em Roma desde o berço. Um moço da Dinamarca desatou em lágrimas ao reconhecer-se na presença da própria genitora desencarnada, segundo apontamentos indiscutíveis, fornecidos por uma senhora vidente, junto de todos. Fui apresentado ao Sr. Stuart, honrado presidente da antiga Associação Espiritualista da Grã-Bretanha, que me pôs em contato com vários círculos de fenômenos puros. Presenciei manifestações de voz direta que me deixaram absolutamente convicto quanto à sobrevivência. Num grupo particular de Marylebone, onde fui por gentileza de amigos, apertei comovidamente as mãos de um Espírito materializado, que me deu provas irrecusáveis da existência individual para lá da morte. Desses novos companheiros de ideal dos quais me aproximei, um deles mostrou-me valiosa documentação sobre materializações de Jane Seymour, em antigo palácio inglês. Numerosas pessoas não espíritas dão conta dessas aparições. Perguntando, de minha parte, por que motivo essa entidade voltava com tanta frequência ao ambiente de Hampton Court, contaram-me que a rainha, há tantos anos desencarnada, numa sessão mediúnica realizada em Hampshire, alegara pessoalmente que assim procedia por motivos de amor, ao que irmãos outros, já familiarizados com os princípios da reencarnação, acrescentaram que a esposa de Henrique VIII se fizera guardiã espiritual de muitos dos seus velhos afeiçoados, agora renascidos na Inglaterra. As anotações que pude compulsar representam explícito relatório da imortalidade.

Silvério Conde fez uma pausa e indagou do benfeitor:

— Que me diz dessas experiências, irmão João?

— Meu filho — informou o amigo, com a simplicidade que lhe é característica —, rendamos graças a Deus. Você, Silvério, adquiriu alicerces para a fé renovada...

— Isso mesmo, irmão João — tornou Conde —, isso mesmo. Fé renovada é o tesouro de que hoje disponho.

E, notando que o amigo, incorporado ao médium, ia sair da mesa orientadora, para atender aos doentes no fundo da sala, deu-se pressa em acentuar:

— Peço, ainda, permissão para comunicar à nossa casa, em palavras breves, que estive igualmente nos Estados Unidos, onde observei, por felicidade minha, admiráveis fenômenos de efeitos físicos. Materializações, transportes, levitações, desenhos em condições supranormais. Na Carolina do Norte, demorei-me vários dias, alinhando anotações que reputo de incalculável valor. E sabendo que professores da atualidade se dedicam ao reexame de todas as conclusões dos pesquisadores do passado, através da parapsicologia, não me contentei com as manifestações evidentes do Mundo Espiritual pela mediunidade, mas procurei também ouvir, em Nova Iorque, muitos companheiros que se acham ligados ao conjunto de estudiosos da Universidade de Duke, e compreendi que muitos deles já aceitam de modo pleno a interpretação espírita, tendo abandonado para trás os pontos de vista da chamada "percepção extrassensorial". Em muitos entendimentos, percebi que vários parapsicologistas e metapsiquistas estão hoje perfeitamente convencidos com respeito à continuação da vida além-túmulo, e afirmam, desassombrados, que, no Universo, tão maravilhosamente ordenado, é impossível que as faculdades superiores do homem sejam perdidas a esmo, simplesmente porque o corpo perecível se desfaça no sepulcro, ao modo de roupa velha.

Silvério relanceou os olhos pela assembleia interessada e, reparando que o tempo avançava, disse para o benfeitor desencarnado, que o ouvia polidamente:

— Em suma, irmão João, venho transformado. Adquiri a convicção integral que me faltava...

— Sim, meu filho — anuiu o interlocutor com ardente sinceridade a transparecer-lhe da voz —, é preciso aprender, analisar, verificar, anotar... Sem o estudo, a Terra seria uma floresta, e nós, dentro dela, estaríamos na posição de animais em lamentável selvageria. Estudemos sim, estudemos sempre...

Conde fixou belo sorriso e sublinhou, encantado:

— Oh! Irmão João, que alegria! As suas palavras exprimem amorosa compreensão... Sim, sim! Adquiri realmente a fé!... Tenho agora fé viva...

Nesse ponto da entrevista, o comunicante levantou-se, abraçou Silvério e, tomando a direção dos enfermos, disse-lhe, cortês:

— Então, meu filho, vamos agora ao trabalho!

Conde, algo constrangido, quis lançar delicada escusa, mas, enlaçado por aquelas mãos que se habituara a querer, aquiesceu, sem qualquer reação.

E ali, diante de quarenta e sete irmãos infelizes, alguns extremamente perturbados, ao lado de outros, chagados e tristes, convidou João, sensibilizado:

— Silvério, meu filho, faça uma prece em favor dos doentes.

O interpelado diligenciou recuar, porquanto, a seu ver, não contava com facilidades quaisquer para a oração em voz alta, mas tomou a palavra, agora titubeante, e exorou a Bênção Divina para os enfermos que o fitavam, esperançosos.

Quando terminou, desajeitado, o amigo espiritual tornou a convocá-lo:

— Agora, meu filho, ajude-me, por obséquio, no serviço de passes. Diversos instrutores da Esfera Superior estão presentes, amparando-nos as tarefas. Aliviemos os nossos irmãos que sofrem...

— Mas irmão João — ajuntou Silvério, surpreendido —, eu não sei dar passes, nunca dei passes.

— Meu filho — aduziu o benfeitor —, você atualmente é um homem de fé baseada no raciocínio, que é a luz do grande conhecimento. Seu espírito, presentemente, deve ser considerado qual estudante diplomado numa escola superior, e o êxito em qualquer atividade nobre, principalmente para quem sabe, depende do começar...

— Entretanto — explodiu Silvério, num desabafo respeitoso —, dê-me licença, irmão João, para perguntar-lhe: Como entende o conhecimento? Que é conhecimento, meu amigo?

O benfeitor espiritual pensou alguns instantes e respondeu, muito calmo:

— Eu acho, meu filho, que o conhecimento é obrigação...

E, depois de expressivo silêncio, finalizou, humilde:

— Tem que render...

## ~ 18 ~
## *Elucidando*

Admira-se você de que a Doutrina Espírita recrute, por vezes, criaturas de escassa instrução intelectual para os seus misteres, e acentua, quase sarcástico:

— Por que não aconselham vocês, os desencarnados, mais ampla cultura aos que se proponham ministrar os talentos espíritas? É estranho que possa qualquer um, ainda mesmo os que até ontem hajam manchado a própria vida com faltas confessas, penetrar-lhe as fileiras e atender-lhe as atividades!...

E, no mesmo tom, misturando ironia e veemência, você suspira por uma organização primorosamente talhada, em que doutrinadores e médiuns se obriguem a exibir diplomas de especialização acadêmica, a fim de se consagrarem ao socorro dos semelhantes.

Creia que em nossa resposta não vai a mínima dose de menosprezo ao doutorado terrestre, nem julgue desconheçamos o valor de companheiros ilustres que militam no campo do Espiritismo.

São eles professores distintos, médicos respeitáveis, advogados e engenheiros, administradores e industriais. Surgem prestimosos e dignos dos mais altos ministérios da vida pública, dos santuários da educação, dos quartéis da ordem, dos caminhos da arte e dos círculos da finança...

Entretanto, porque isso aconteça, não podemos esquecer que a Doutrina Espírita, revivendo o Evangelho, é o Cristianismo em ação por instituto de todos.

E o Cristianismo, exaltando embora a grandeza do cérebro, fala primeiramente às forças do coração.

Nesse sentido, recorde você, versado qual se mostra em letras sagradas, a atitude do Cristo nos alicerces da Boa-Nova.

Lembrar-se-á, facilmente, de que o Senhor procurou, no início do apostolado, os doutores do templo para entregar-lhes à ideação fulgurante os tesouros do amor de que se fazia intérprete.

Decerto que os preclaros rabinos entraram em longas cogitações acerca da verdade que lhe ouviam da boca, e tudo indica que o Mestre esperou quase vinte anos pelos maiorais de Israel, todos eles chumbados ao vale da indecisão.

Entretanto, porque o demorado concurso vão viesse da inteligência aperfeiçoada, procurou demandar o coração generoso. E vemo-lo desistir da aristocrática hierosolimita para buscar a humildade dos galileus.

Entende-se, então, com os espíritos simples, totalmente arredados da casuística, indenes de preconceitos sociais e dúvidas filosóficas.

Pretendia a libertação do povo cativo às trevas do mal, e, por isso, importava, antes de tudo, o bem puro a fazer.

É assim que ergue da ignorância e do anonimato o rude agente de impostos que seria mais tarde o evangelista Mateus; o temperamento agressivo de Simão Pedro, que se transforma em timoneiro da fé; a bisonhice de Tiago, filho de Zebedeu, que se converte em heroísmo na resistência moral, e a juventude ingênua de João, que se faz patrimônio de luz para a Humanidade.

Ele, que honorificou a mulher, integrando-a no respeito devido, não tem o beneplácito das herdeiras de Ester, a sobrinha de Mardoqueu, que obteve perdão de Assuero para os judeus perseguidos, ou o destemor das sucessoras de Judite, a viúva famosa que defendeu a raça hebreia na luta contra os generais de Nabucodonosor, todas elas irrepreensíveis e imaculadas no fausto de vivendas floridas e suntuosas; mas encontra na pobre filha de Magdala, obsediada de sete gênios infernais, a mensageira da ressurreição, e nas mulheres sem nome de Jerusalém, as companheiras fiéis de sua dor sob a cruz da morte, endereçando à posteridade Cristã o testemunho da compaixão feminina.

No quadro de Jesus, meu amigo, não falta nem mesmo Judas, o negociante que aspirava a ser bom, recebido por Ele com extremado carinho, mas que subitamente se vê sem forças para segui-lo com a pureza de amor da primeira hora.

Como vês, a cooperação popular nas obras do Espiritismo não é assunto novo para quem se dedique ao exame do Testamento Divino.

Em problemas de espírito, nem sempre avançam na dianteira os que se vinculam à eminência no mundo.

E esteja convicto de que, se ao nosso lado respiram muitas almas, inclusive o pobre escriba desencarnado que lhe escreve esta carta, que até ontem mancharam a própria vida com as faltas confessas, segundo a sua expressão feliz, é porque os chamados puros da Terra, quase sempre, no estojo tranquilo da suposta virtude, se recebem o apelo ao suor e à aflição em serviço dos outros, raramente se animam a responder.

## ~ 19 ~
# *O livro – Dádiva do Céu*

Quando o Divino Mestre, nascituro, abria os braços tenros à luz suave da noite, na estrebaria singela, eis que fulgura no alto sublimada estrela...

E quantos velavam na Terra compreenderam que o Divino Rei havia nascido.

Toda a província Romana da Palestina recebeu, de improviso, na claridade licenciosa do astro solitário, a esperada revelação.

Sacerdotes e oráculos, políticos e príncipes da Judeia tremeram espantados.

Onde estaria o Excelso Embaixador?

No templo de Jerusalém ou no domicílio aristocrático de algum dos veneráveis doutores do Sinédrio?

Poderosos dignitários imperiais, nas vilas de repouso da Galileia, empalideceram, surpreendidos.

Em que privilegiado ponto do mundo permaneceria o Celeste Redentor? No palácio de Augusto ou no lar patrício de algum legado importante?

Ricos senhores da Samaria confiaram-se, perturbados, à insônia... Em que região venturosa da Terra teria surgido o Salvador? Em algum santuário do monte ou em abastada propriedade particular?

Negociantes de Cesareia de Felipe, viajadores do extenso Vale do Jordão, caravaneiros que vinham da Fenícia, peregrinos de Decápole e todos os homens e mulheres acordados, desde o topo nevado do Hermon até as águas imóveis do Mar Morto, estáticos e felizes, viram a estrela descer vagarosamente, assinalando o berço Divino, e os pastores e as crianças, almas simples da Natureza, foram os primeiros a descobrir que o Rei Celeste brilhava na manjedoura...

Desde então, Jesus permanece vivo entre os homens, ensinando, reajustando, curando, redimindo...

Através de sombras e pesadelos, de calamidades e guerras, em quase vinte séculos de luta, a geografia sentimental do Cristianismo estendeu suas linhas da Palestina Ocidental a todos os círculos do Planeta, e a estrela da grande Revelação, personificada hoje na ideia santificadora da fraternidade e da paz, continua luzindo no firmamento das nações, anunciando a Era Nova...

Onde encontraremos o Senhor? Prosseguem perguntando os inumeráveis viajadores da vida...

Nos castelos primorosos da fé? Nos monumentos que consagram o domínio exclusivista? Nas cerimônias suntuárias do culto exterior? Nos preciosos discursos da convicção dogmática?

Eis, porém, que a claridade cintilante da ideia conduz o coração que se faz simples e sincero ao Evangelho da Vida, e o livro, em seu humilde arcabouço de papel, representa a nova manjedoura, em que realizamos o nosso encontro com o Espírito do Senhor...

Veremos no livro o santuário de nossa ascensão espiritual.

Quando o povo missionário se desvairava na idolatria, o Todo-Poderoso salvou-o, com o livro dos Dez Mandamentos, por intermédio de Moisés.

Quando o Mestre Divino veio trazer à Terra as justas diretrizes da redenção, determinou o Todo-Compassivo que um livro — O Evangelho da Boa-Nova — lhe fixasse a luz.

Quando a civilização se desequilibrava com as tempestades morais, luminosas e destruidoras, da Revolução Francesa, o Todo-Sábio amparou o mundo, então no declive de tenebrosos despenhadeiros, oferecendo-lhe *O livro dos espíritos*, através de Allan Kardec.

Depois da oração, o livro é a única escada pela qual o Céu pode descer à Terra.

Em verdade, quando um povo abandona o livro, começa a penetrar, sem perceber, o vale da estagnação e da morte.

## ~ 20 ~
## *No Evangelho nascente*

Enquanto o Mestre ouvia alguns doentes na intimidade do lar de Simão Pedro, eis que um cavaleiro e duas damas se adiantam a consultá-lo.

Vinham de pontos diversos. Estranhos entre si. Contudo, partilhando a mesma expectativa, permutavam impressões, dando-se a conhecer.

O rude pescador de Cafarnaum observava-os, atento.

As ciciantes palavras que trocavam eram realmente chocantes.

Supunham fosse Jesus um feiticeiro vulgar, e buscavam-lhe os dons mágicos. Eliakim, o recém-chegado, era um mercador de olhos astutos que projetava a obtenção de certa propriedade, pertencente a um dos tios, que estava a morrer.

Tratava-se de uma vinha fecunda, suscetível de aumentar-lhe os bens. Ambicionava-lhe a posse por baixo preço e não se resignaria a perdê-la. Ouvira tantas alusões a Jesus, que não vacilava em rogar-lhe a interferência. Na condição de mago eficiente, o Cristo, decerto, lhe facultaria a realização do negócio, sem maior sacrifício. Dea, a mulher mais idosa, trazia assunto mais grave. Pretendia vingar-se de antiga companheira que lhe transviara o marido. Via-se agoniada, infeliz. Preferia a morte à renúncia. Não perdoaria a impostora que lhe deixara o lar deserto. Vinha ao famoso Messias suplicar-lhe a intercessão de modo a matá-la.

Recompensá-lo-ia dignamente desde que pudesse ver Efraim, o esposo, humilhado aos seus pés. Ruth, a mais nova, passou a expor o caso que a preocupava. Queria casar-se, mas Salatiel, o noivo, parecia esquivar-se. Mostrava-se desinteressado, frio. Esperava que Jesus lhe auxiliasse, infundindo ao homem amado mais intensa afetividade, de vez que o moço ganhava distância, pouco a pouco.

O Apóstolo registrava um ou outro apontamento, agastadiço.

Ciente de que o Mestre atendia em sala próxima, demandou o interior e explicou-lhe a situação.

Os consulentes revelavam o maior desrespeito.

Eliakim era um negociante voraz e ambas as mulheres pareciam subjugadas por apetites inferiores.

Jesus meditou alguns instantes e, fixando o discípulo, solicitou, prestimoso:

— Pedro, as tarefas desta hora não me permitem serviços outros. Vai, porém, aos nossos hóspedes e socorre-os, ajudando-me a encontrar o caminho de melhor auxiliá-los.

O pescador voltou à presença dos forasteiros, dispondo-se a escutá-los, em nome do Salvador.

Quando lhes anotou os propósitos de viva voz, enrubesceu, indignado. Levantou-se, trêmulo, e gritou sob forte crise de cólera:

— Malditos! Fora daqui! O Mestre não aceita ladrões e mulheres relapsas!...

Cravando o olhar no comerciante, sentenciou:

— Vai roubar noutra parte! Que a vinha de teus parentes seja o inferno onde te cures da cupidez!

Aos ouvidos de Dea, bradou:

— Assassina! Não somos teus sequazes... Certamente foste abandonada pelo marido em razão das chagas de ódio que te consomem o coração!... Mata como quiseres e deixa-nos em paz.

Em seguida, concentrando a atenção sobre Ruth, que tremia de medo, o Apóstolo ordenou:

— Sai daqui, amaldiçoada! A mulher que concorre à posse dos homens não passa de meretriz...

Amedrontados, os três abandonaram o recinto, precipitadamente.

Impulsivo, Simão cerrou com estrépito a porta sobre eles. Ao se voltar, porém, para trás, na atitude de quem triunfara no serviço que lhe coubera fazer, deu com Jesus, que o contemplava tristemente.

Reparando que os olhos do amigo celeste se represavam de lágrimas que não chegavam a cair, o aprendiz, como criança estouvada que se humilha à frente do amor paterno, tentou afagar-lhe as mãos e falou em voz modificada:

— Senhor, porventura não estarás satisfeito? Poderemos, acaso, usar tratamento diverso para com aqueles que nos desfiguram o serviço? Não percebeste que os três se encontram sob o império de espíritos satânicos?

Jesus acariciou-lhe os ombros, de leve, e respondeu:

— Pedro, todos podem descobrir feridas onde as feridas se destacam. Contudo, raros sabem remediá-las. Não te solicitei que formasses acusações. Para isso, o mundo está repleto de críticos e censores. Eliakim, efetivamente, traz consigo o gênio perverso da usura. Dea está sob a influência do monstro da vingança e Ruth sofre o assédio de vampiros da carne. Entretanto, notei que, ao ouvi-los, deste, por tua vez, guarida ao demônio da intolerância e da crueldade. Sombra por sombra, dá sempre um total de treva.

— Senhor, não me recomendaste, porém, socorrê-los?

— Sim     acentuou Jesus, melancólico —, mas não te roguei desiludi-los ou desprezá-los. Pedi que me ajudasses a encontrar o caminho do auxílio, e, como sabes, Pedro, eu não vim para curar os sãos...

Pesado silêncio invadiu a sala.

E porque o Mestre regressasse aos enfermos, com paciência e humildade, o discípulo mergulhou a cabeça entre as mãos e, olhando para dentro de si mesmo, começou a enxugar as próprias lágrimas.

# Índice geral[1]

Anselmo, João
    frequentador do grupo – 21
    planos de caridade – 21
    pobre mãe pedinte – 22
    rogativa – 22

Boa-Nova
    atitude de Jesus – 78
    Mateus – 33

Boaz
    filho único de Hanina – 13

Calimério, irmão, Espírito
    incorporação – 35
    pedido de proteção – 35

Capistrano
    encontro com Irmão X, Espírito – 43
    Marina, filha – 44

Caridade
    educação – 19
    conceito – 19

Celeste Redentor *ver* Jesus

Cemitério
    casa dos mortos imaginários da Terra – 44
    vaidade ostentosa – 45

Céu
    descida do * à Terra – 83
    transferência – 19

Conhecimento
    definição – 71-75

Criador
    concessões do * às criaturas – 16

Cristianismo
    Doutrina Espírita, * em ação – 78
    extensão da geografia sentimental – 82
    fala às forças do coração – 78

Cristianismo Redentor de Jesus
    atraso da vitória da fraternidade – 64

---

[1] N.E.: Remete ao número das páginas.

## Índice geral

Cristo *ver* Jesus

Dea, Sr.ª
  acusações de Pedro – 86
  consulta com Jesus – 86

Depressão
  problema – 48

Divino Mestre *ver* Jesus

Doença
  conceito – 18

Doutrina Espírita *ver também*
Espiritismo
  Cristianismo em ação – 78
  recrutamento – 77
  trabalho pela preservação – 53

Educação
  caridade – 19
  conceito – 19
  livro, altar invisível – 30
  patrimônio de todos – 34

Eliakim, mercador
  acusações de Pedro – 86
  consulta com Jesus – 85

Eliaquim
  encontro com Natan – 9
  filho de Josias – 9
  opinião de * sobre Pedro – 10

Emancipação religiosa
  resposta legal – 57

Espírita
  responsabilidade – 69

Espiritismo
  escola de libertação da mente – 52
  felonia dos adversários – 55
  individualismo sublimado – 65
  irmãs Fox – 59

Espírito
  médico de si mesmo – 37

Espírito desencarnado
  conversão – 49
  reminiscências – 52

Evangelho Revelador
  João – 33

Excelso Embaixador *ver* Jesus

Fé
  homem de * e sustento da paz – 17

Fox, irmãs
  pioneiras do Espiritismo – 59

Franklin, Benjamim
  trabalho pela libertação
    mental do povo – 55

Hazan, Hanina ben
  Boaz, filho único – 13
  estudo dos Escritos Sagrados – 13
  israelita rico – 13

Homem de fé
  conselho do Divino
    Orientador – 17, 18
  sustento da fé – 17

Hospício
  imagem após a desencarnação – 52
  realidade dos internos – 51

Humanidade
  exaltação das conquistas – 57

Imprensa
  benefícios – 25
  conceito – 25
  desmandos – 25

Inquisição
  nascimento – 56

Irmão X, Espírito

## Índice geral

conto de mortos para mortos – 46
criação de casta sacerdotal – 63
depressão – 48
encontro com Capistrano,
   Espírito – 43
ocorrência no domínio
   das sombras – 47
trabalho pela preservação
   do Espiritismo – 53

Jain, Hassan bem
desmandos da imprensa – 25

Jesus
Anás – 53
atitude de * na Boa-Nova – 78
Caifás – 53
dignificação da mulher – 79
entendimento de * com os
   espíritos simples – 78
ideia da imortalidade – 60
nascimento – 81
perseguição gratuita – 61
pescadores simples e humildes – 33
regresso de * às Esferas Superiores – 9

João
Evangelho Revelador – 33

João, irmão, Espírito
definição de conhecimento – 71-75

Johanan, rabi
declarações – 13

Jornal
espelho mágico – 25
porta-voz dos direitos humanos – 25

Josias
pai de Eliaquim – 9

Jovina, dona
médium – 21

Kardec, Allan

defesa dos princípios – 51
*Livro dos espíritos, O* – 83

Leocádio
caráter – 39
fé religiosa – 40
filho de pai desencarnado – 39
súplica da reencarnação – 42

Levindo
avareza da inteligência – 42
caráter ilibado – 40
filho de pai desencarnado – 40

Livro
altar invisível da educação – 30
braço mágico do trabalho – 30
consequência do abandono – 83
descida do Céu à Terra – 83
Dez Mandamentos – 82
Evangelho da Boa-Nova, O – 83
representação da nova
   manjedoura – 82
tesouro de todos os povos – 30

*Livro dos espíritos, O*
Allan Kardec – 83

Marina
filha de Capistrano – 44
reencarnação em padecimentos
   expiatórios – 45
suicida – 44

Mateus
Boa-Nova – 33
jurisdição fiscal – 33

Medianeiro *ver* Médium

Médium(ns)
casta sacerdotal – 63
comportamento – 57
criação de escolas – 63
fé – 32
intercâmbio espiritual – 31

## Índice geral

objeto da injúria – 60
posição dos * de hoje e
   de ontem – 55
serviço de autoiluminação – 32

Mediunidade
   policiamento constante – 59
   talento – 64

Metapsíquica
   procrastinação da verdade – 60

Moisés
   Dez Mandamentos – 82

Morte
   conceito – 18
   renovação – 61

Mundo antigo
   sete maravilhas – 29

Mundo de hoje
   maravilhas modernas – 30

Natan
   comentários de * sobre Pedro – 10
   encontro com Eliaquim – 9
   fariseu letrado – 9

Parapsicologia
   procrastinação da verdade – 60

Paz
   sustento da * e homem de fé – 17

Pedro, apóstolo
   críticas de Natan – 10
   demônio da intolerância e da
     crueldade – 87
   exame da feição humana – 9
   Jesus na intimidade do lar – 85
   transformação – 9

Perseguição
   objetivo – 48

Profeta Nazareno *ver* Jesus

Rei Celeste *ver* Jesus

Reino de Deus
   conversão do mundo – 58
   edificação – 65

Rogério
   mentor espiritual do grupo – 21

Ruth, Sr.ª
   acusações de Pedro – 8
   consulta com Jesus – 86

Samuel
   significativa história – 16

Sete maravilhas
   mundo antigo – 29

Simão *ver* Pedro, o apóstolo

Sintonia
   técnicas de * e riqueza
     mediúnica – 32

Sócrates
   acusação de Anitos – 26

Terra
   vampirização de amigos
     encarnados – 47

Trabalho
   livro, braço mágico – 30

Voltaire
   trabalho pela libertação
     mental do povo – 55

| RELATOS DA VIDA | | | | |
|---|---|---|---|---|
| EDIÇÃO | IMPRESSÃO | ANO | TIRAGEM | FORMATO |
| 1 | 1 | 2019 | 4.800 | 14x21 |
| 1 | 2 | 2019 | 1.000 | 14x21 |
| 1 | POD* | 2021 | POD | 14x21 |
| 1 | IPT** | 2022 | 100 | 14x21 |
| 1 | IPT | 2023 | 200 | 14x21 |
| 1 | IPT | 2023 | 250 | 14x21 |
| 1 | IPT | 2024 | 280 | 14x21 |

*Impressão por demanda
**Impressão pequenas tiragens

# O EVANGELHO NO LAR

*Quando o ensinamento do Mestre vibra entre quatro paredes de um templo doméstico, os pequeninos sacrifícios tecem a felicidade comum.*[1]

Quando entendemos a importância do estudo do Evangelho de Jesus, como diretriz ao aprimoramento moral, compreendemos que o primeiro local para esse estudo e vivência de seus ensinos é o próprio lar.

É no reduto doméstico, assim como fazia Jesus, no lar que o acolhia, a casa de Pedro, que as primeiras lições do Evangelho devem ser lidas, sentidas e vivenciadas.

O espírita compreende que sua missão no mundo principia no reduto doméstico, em sua casa, por meio do estudo do Evangelho de Jesus no Lar.

Então, como fazer?

Converse com todos que residem com você sobre a importância desse estudo, para que, em família, possam compreender melhor os ensinamentos cristãos, a partir de um momento de união fraterna, que se desenvolverá de maneira harmônica e respeitosa. Explique que as reflexões conjuntas acerca do Evangelho permitirão manter o ambiente da casa espiritualmente saneado, por meio de sentimentos e pensamentos elevados, favorecendo a presença e a influência de Mensageiros do Bem; explique, também, que esse momento facilitará, em sua residência, a recepção do amparo espiritual, já que auxilia na manutenção de elevado padrão vibratório no ambiente e em cada um que ali vive.

Convide sua família, quem mora com você, para participar. Se mora sozinho, defina para você esse momento precioso de estudo e reflexões. Lembre-se de que, espiritualmente, sempre estamos acompanhados.

Escolha, na semana, um dia e horário em que todos possam estar presentes.

O tempo médio para a realização do Evangelho no Lar costuma ser de trinta minutos.

---

[1] XAVIER, Francisco Cândido. *Luz no lar.* Por Espíritos diversos. 12. ed., 7. imp. Brasília: FEB, 2018. Cap. 1.

As crianças são bem-vindas e, se houver visitantes em casa, eles também podem ser convidados a participar. Se não forem espíritas, apenas explique a eles a finalidade e importância daquele momento.

O seguinte roteiro pode ser utilizado como sugestão:

1. Preparação: Leitura de mensagem breve, sem comentários;
2. Início: Prece simples e espontânea;
3. Leitura: *O evangelho segundo o espiritismo* (um ou dois itens, por estudo, desde o prefácio);
4. Comentários: breves, com a participação dos presentes, evidenciando o ensino moral aplicado às situações do dia a dia;
5. Vibrações: pela fraternidade, paz e pelo equilíbrio entre os povos; pelos governantes; pela vivência do Evangelho de Jesus em todos os lares; pelo próprio lar...
6. Pedidos: por amigos, parentes, pessoas que estão necessitando de ajuda...
7. Encerramento: prece simples, sincera, agradecendo a Deus, a Jesus, aos amigos espirituais.

As seguintes obras podem ser utilizadas nesse momento tão especial:

- *O evangelho segundo o espiritismo*, como obra básica;
- *Caminho, verdade e vida; Pão nosso; Vinha de luz; Fonte viva; Agenda cristã*.

Esse momento no lar não se trata de reunião mediúnica e, portanto, qualquer ideia advinda pela via da intuição deve permanecer como comentário geral, a ser dito de maneira simples, no momento oportuno.

No estudo do Evangelho de Jesus no Lar, a fé e a perseverança são diretrizes ao aprimoramento moral de todos os envolvidos.

**FEB editora**
Livro espírita para um novo mundo
www.febeditora.com.br
@febeditoraoficial
@febeditora

Conselho Editorial:
*Carlos Roberto Campetti*
*Cirne Ferreira de Araújo*
*Evandro Noleto Bezerra*
*Geraldo Campetti Sobrinho – Coord. Editorial*
*Jorge Godinho Barreto Nery – Presidente*
*Maria de Lourdes Pereira de Oliveira*
*Miriam Lúcia Herrera Masotti Dusi*

Produção Editorial:
*Elizabete de Jesus Moreira*

Revisão:
*Jorge Leite*
*Manuel Craveiro*
*Renato Bahia*

Capa:
*Ricardo Rodrigues Alves*

Projeto Gráfico e Diagramação:
*Rones José Silvano de Lima – instagram.com/bookebooks_designer*

Foto de Capa:
*konradlew|istockphoto.com*
*borchee|istockphoto.com*

Normalização Técnica:
*Biblioteca de Obras Raras e Documentos Patrimoniais do Livro*

Esta edição foi impressa no sistema de Impressão pequenas tiragens em formato fechado de 140x210 mm e com mancha de 104x168 mm. Os papéis utilizados foram o Off white 80 g/m² para o miolo e o Cartão 250 g/m² para a capa. O texto principal foi composto em fonte Adobe Garamond Pro 28/26 e os títulos em Adobe Garamond Pro 12/14,4. Impresso no Brasil. *Presita en Brazilo.*